学級経営サポートBOOKS

子どもと教師を伸ばす

学級通信

JN038460

古舘良純 著

明治図書

━━ はじめに ━━

　こんにちは。古舘良純（ふるだて・よしずみ）と申します。

　共著では数冊の発刊に携わらせていただいたことがあります。しかし，単著はこれが初めてです。ひとりで本を書き上げる作業は大変孤独なものだと感じながら，コロナ禍の夏にかけて書かせていただきました。

　この本は，学級通信が子どもを育てるだけではなく，教師の成長も支えるという側面を重視して書いています。つまり，「学級通信の発行」が目的ではなく，「教師自身の力量形成のために学級通信を書きませんか？」というスタンスで書かせていただきました。

　私自身のキャリアの半分以上は，６年生の担任です。Chapter 3の実物を見ていただければわかると思いますが，通信の内容も高学年向けが多く，「参考にしたい」と思っている方の期待に添いきれない本かもしれません。しかし，「学級通信を発行することによる教師の成長」を基本コンセプトにしていますので，そのつもりでお読みいただければ幸いです。

　そんな私は，学級通信を発行すること自体に抵抗感があります。発行せずにすむのであればそうしたいと思うことがあります。

　そもそも，私が本格的に学級通信を発行し始めたのは，当時（２年目）の学年主任の一言からです。私自身が発行したくて書き始めたわけではありませんでした。（今となっては感謝しかありません！）

　毎日，毎週，時間を割いて書き，学年主任や管理職の検閲を受け，直し，印刷し，配付して読み聞かせる。こうした一連の流れが，学校現場ではどれだけ手間のかかることか，想像すればおわかりいただけるでしょう。

　特に，若い頃は直しが多く，管理職に「朱書き」された通信にテンションが下がることがたくさんありました。生徒指導やトラブルによって休み時間が削られ，昨晩必死になって書き上げた通信を出せずに子どもたちを下校さ

2

せてしまう日も少なくありませんでした。どちらかといえば，学級通信を発行する大変さやコストの大きさを強く感じていました。

　しかし不思議なことに，学級通信に関する書籍が出回ったり，SNSで情報発信されたりと，学級通信を発行する方は後を断ちません。それどころか，タブレットを使って手軽に作成できるようになったり，写真の取り込みや編集が楽になったりして，学級通信を発行する先生が多くなっているように感じます。また，紙媒体ではなくメール配信での実践など，学級通信の新しいスタイルが生まれ始めているのではないかとも感じます。

　学級通信に関する投稿では，若い先生方を中心に書き方やテンプレートがSNS上で紹介されています。ベテランの先生も軽く100号を達成するなど，働き方改革が叫ばれる教育現場において，学級通信という文化は根強く残っていることがわかります。

　本書で大切にしている考え方として，学級通信発行の良し悪しを問いたいわけではないというものがあります。学級通信の発行にはメリットもデメリットもあります。書く派・書きたい派，書かない派・書きたくない派には，それぞれの主張があり，何が正しいとは言えません。

　私もときどき，「学級通信を出さなければどれだけの時間を生み出せただろう」と考えることがあります。学級通信にかけてきた時間は計り知れないからです。「もっと子どもたちのノートを見る時間を生み出せたのではないか」「もっと教材研究や授業準備に時間をかけてくるべきではなかったか」と学級通信発行のデメリットを考えてしまいます。

　しかし，様々自問自答するものの，学級通信を書いてきてよかったという結論に達します。書いてこなければ，今の自分はなかったと言いきれます。それほど，学級通信は私自身の成長に欠かせないものだったからです。

　学級通信を発行した年は通信を製本して手元に残しています。地域の業者に依頼して形にしています。私は，そうした学級通信集を今でも読み返すことがあります。10年前の通信でも，そのときパソコンに向かって写真を取り込んだり，文章を打ち込んだりしていた時間が鮮明によみがえってきます。

パソコンに向かって写真を眺めながら，子どもたちの成長を喜んだり，どうしたら保護者に伝わりやすくなるかを考えたりして通信を書いていました。書いている時間は，学級のこと，子どもたちのことだけを考えていました。時間が経つのを忘れ，何度も読み返して修正していました。そして，管理職のチェック通過を願うばかりでした（笑）。

　今では，ちょっとした時間があれば学級通信を書き上げられるようになりました。学級に対する思いを以前よりは言葉にできるようになり，文章の調整や書き直しをせずとも，それなりに１枚に収められるようになりました。

　残念ながら，若い頃の時間をかけて書き上げた達成感を感じにくくなっているのは事実で，少し寂しい気持ちもあります。だからといって，学級通信に対する熱量が下がったわけではありません。目の前の子どもたちの心に染みわたるように，保護者の心に届くようにと願って書くことにかわりはありません。そのための力を身につけたい，と今でも試行錯誤を重ねています。

　これからも続く教職人生の中で，「学級通信」を書かなくなるときがくるのかな……と考えたこともあります。例えば，若手と学年を組んだ際，無理強いしてしまうのではないかと考え，発行が難しくなるかもしれません。仕事の状況によっては，「今年は書かない」と自分で決断する場合も考えられます。

　でも私は，自分の未来を考えたとき，「どんな形でも書き続けていくのではないか……」と予測しています。

　その１つ目の理由は，子どもたちを育てていくためです。担任は願いを込めて通信を書き綴ります。子どもたちは，その願いを必死に感じ取ろうとしながら読みます。思いつきで話した内容や，場当たり的な指導では入っていかない言葉も，通信に書くことで子どもたちの心に響き，成長させるきっかけになるからです。そして，そうした子どもたちを目の当たりにしてきたからです。

　２つ目の理由は，教師を成長させてくれるからです。私の中では一番大きな理由です。先にも書きましたが，学級通信は私自身の成長に欠かせないも

のでした。学級通信は，私が感覚的に行っていた学習指導や学級経営を言語化し，意味づけするための場になっていました。「学級通信を書くことは教師の力量形成につながる」というメリットを大変感じています。

　もしかしたら，学級通信を発行する人の多くはこのメリットにピンときていないかもしれません。通信を書き続ける中で「ああ，こうやって書く力がついてきたんだな……」「なんだか4月とは違うぞ……」と後になって感じることはあっても，学級通信を書き始める動機として，真っ先に「教師の力量形成」を掲げる人は少ないでしょう。

　ではなぜ，私は力量形成のために学級通信を書くべきだと考えたのでしょうか。それは，現在の学校現場において，アウトプットの場が少なくなっていると感じたからです。これは，私が勤めてきた学校やその地域，ともに学んできた仲間からの情報です。偏った考え方かもしれませんが，1つの考え方だと思ってください。

　例えば，授業研究会における学習指導案の簡略化が進んでいます。枚数を減らして3ページ程度にまとめるという流れでした。理由は「先生方の負担になるから」でした。もちろん，学習指導案作成にかける時間は少なくないはずです。学習指導案作成が簡単にすめば，時間を生み出すことができます。多忙を極める現在の学校現場において，学習指導案を簡略化することは，致し方ないことなのでしょう。

　しかし，負担を減らすことと学習指導案のページ数を減らすことは，別の問題ではないかとも考えます。子どもたちと向き合い，学級を俯瞰し，自分の指導観を磨くチャンスを自ら減らしているのではないかと思うからです。

　学習指導案をはじめ，学級経営案や目標申告書など，公的に行っていた書く活動（アウトプット）が簡略化され，減っているように感じます。

　また，私たち教師の学びがインプットに偏りやすくなっているという理由もあります。スマホで「ポチッ」とすれば簡単に本が手に入るようになりました。カスタマー同士で本のやりとりができるアプリもあり，読んだ本を手軽に売って違う本を手に入れることもできます。

電子書籍も普及し，本を持ち出しやすくなりました。オーディオブックがあれば，本を開かなくても読書できるようになりました。また，SNS上での実践紹介やオンライン勉強会が日常的になり，セミナー等への参加も圧倒的に負担が減りました。今，身の回りには教育に関する情報があふれかえっており，簡単にインプットの機会を得られるようになっています。

　もちろん，インプットによる学びは貴重で，学んだ方法や考え方が学級に大きく影響することは知っています。しかし，学んだ内容を取り入れ，咀嚼し，血肉にしていくためには，アウトプットが必要なはずです。抽象的な学びを教室の具体で示し，自分自身の言葉で語れてこそ，力量形成につながっていくと考えています。

　そのために「学級通信をアウトプットの場」にしてみてはいかがでしょうか。1回に書く分量は少なくても，1年間書き続けることでまとまった形になり，力量形成につながるはずです。

　本書は，そのようなアウトプットを通した教師の成長を願って構成してみました。

　Chapter 1では，学級通信の役割について考えてみました。学級通信には必ず読み手がいます。教師の成長のためとはいえ，読み手を考えない通信は自己満足にすぎません。授業実践や教室の様子を届けるための視点について示しています。また，管理職の指導を受ける場になるという視点でも書きました。管理職の先生方は，少なくとも私たちよりも多くの文書に目を通しています。誤字脱字の指導以外にも，適切な表現方法の指導もしてくださいます。素直に指導を受けることで，大きく成長できると考えています。

　Chapter 2では，学級通信作成のポイントをまとめてみました。発行の頻度や，通信のスタイルについて考えてみました。量と質の両面を求めるためです。これらの内容は，すでに実践ずみの方もいるかもしれません。私も，これまで発行してきた過去の通信集を分析しながら意味づけしてみました。Chapter 1の視点を受け，いかに効果的に表現するかと同時に，自分らしいスタイルの確立を目指しています。その分析の中で気づきがありました。通

信を発行しようと決めたとき，「楽しんで」通信を書いていたということです。教師が成長するとき，苦しいながらも「楽しんでいる」ことが必要であると感じます。これは，コツ（ポイント）以前の問題です。

　Chapter 3では，これまで発行してきた学級通信の実物を紹介しています。季節ごとや行事ごとに内容を分類して紹介しています。先にも書いたように私のキャリアの半分以上が6年生担任です。実物の内容に偏りがあることはご理解いただきたいと思います。しかし，そこに込められた願いや思い，楽しみながら積み重ねていく重要性を感じていただけると幸いです。

　また，Chapter 3の実物に関しては，私がこれまでお世話になった先生方にご協力いただき，実物のサンプルを提供していただきました。どの通信もその先生らしい書きぶりでした。読ませていただきながら心躍る思いでした。本当にありがとうございました。

　学級通信を本格的に発行しようと決めた2年目の春。十数年後に，こうして学級通信の書籍を書いているとは，夢にも思いませんでした。そう考えると，いろいろな思いを抱えながらも書き続けてきてよかったと思います。

　私の本棚には，過去の学級通信集が並んでいます。それは，子どもたちとの思い出であるとともに，私自身の成長の記録でもあります。学級経営，授業実践，学級に対する思い……など，たくさんの視点で書いてきました。

　それに付随する資料や写真なども，どうしたら子どもたちが輝くか，どの瞬間を切り取ったらより成長が浮き彫りになるかを考え，何枚も撮りました。

　学級通信という「実践」が，私自身を育ててくれたと思っています。それは「仕事」とは違う，「学びの場」だったと感じます。ぜひ，みなさんも力量形成の意味にもウエイトを置き，学級通信を書いてみてはいかがでしょうか。

　最後に，学級通信は読み手がいて初めて送り届けることができます。これまで，何度も学級通信を手にとってくださった保護者の方々に心から感謝申し上げます。そして，学級通信の事実を生み出してくれたこれまでの古舘学級の子どもたちを心から誇りに思います。ありがとうございました。

古舘良純

Contents

はじめに

Chapter1　学級通信の役割

Chapter2　発行のポイント ちょこっとスキル

Chapter3　学級通信の実際と解説

Chapter **1**

学級通信の役割

学級通信で「授業実践」を残すため！

「板書記録」を「実践記録」にする

　初任校で５年間育てていただきました。「校内研修」に加え，「若年層研修」（教職５年目までの先生が行う授業研究会）がありました。さらに，「教育長訪問・事務所訪問」という視察が年に１回ありました。つまり，年間で３回学習指導案を書き，授業を見ていただきました。

　授業研究会のたびに「準備が大切」と言われ続けました。研修用ノートをつくって毎時間の指導計画を立てたり，子どもたちの実態を見極めて次時の授業を組み立てたりする中で授業研究会に臨みました。

　ある年，13時間の国語単元に挑戦しました。３週間にわたる授業実践でした。最初は意気込んで取り組んでいましたが，７時間目を過ぎた頃には「きついな……」と思うようになっていました。毎時間，授業後の板書を撮影しては印刷し，ノートに貼りつけていました。

　いよいよ単元大詰めを迎えようという10時間目を終えた放課後，いつものように板書を貼り終え，ノートを見返していました。すると，「ここでこうすればよかったな……」「このとき，誰があの発言をしたんだっけ？」「このときの子どもたちの反応がよかったな！」と，自然に授業の振り返りをしている自分に気づきました。それまで，残してきた板書写真を振り返りに使うことがなかったのです。写真を撮ること自体が目的となり，日々の授業が垂れ流しになっていました。何のために写真に残すのか，残した写真をどのように使うべきか考えるきっかけになりました。１時間ごとの板書は，そのときの自分自身の力量を表す記録になります。とても貴重な１枚なのです。

学級通信を「アウトプットの場」にする

「授業の振り返り」には様々なスタイルがあります。

1 板書を写真で残して振り返る
2 子どもたちの感想を読んで振り返る
3 授業記録（指示・発問・説明）を動画などで振り返る
4 学習指導案に書き込みながら振り返る
5 思い出しながら，手帳やノートにメモ書きで振り返る
6 その他（学級通信など……）

　授業の振り返り方は，人それぞれ違います。自分に合う振り返りの方法がある人は，日々の授業をより高めていくことができます。

　私も，先ほど例に出した授業研究会の経験から振り返りの重要性に気づき，授業を終えるごとに振り返るようになりました。放課後，研修用ノートに毎時間の振り返りを書き込みながら反省しました。

　しかし，振り返りを楽しいと思ったことはありませんでした。できなかったことや，至らない部分ばかりが思い浮かび，「ああすればよかった」「こうしてみたらよかった」と，改善点・反省点ばかりが書かれる振り返りになっていたからです。毎時間振り返るたびに，自分で自分を追いつめる感覚でした。何のために振り返っているのか，よくわからなくなっていました。

　あるとき，学級通信の「ネタ」がなく，苦しまぎれに「授業の板書」を大きく載せたことがありました。板書を載せたことで，紙面の半分程度を埋めることができ，通信があっという間に完成しました。残り半分のスペースには，授業の概要や子どもたちの様子を書きました。

　すると，不思議なことに「自分がどんな授業にしたかったのか」という願いや，「子どもたちがどう頑張ったのか」という事実を中心に文章を書いて

いました。改善点・反省点ばかりを書き込んでいた振り返りとは違い，ポジティブな振り返りを書くことができました。学級通信が授業の振り返りの場となったことで，「授業の振り返りが楽しい」と思えるようにもなったのです。

　子どもたちや保護者など，「他者意識」が働く学級通信をアウトプットの場としたことで，個人で振り返るだけではないバランスのとれた振り返りができたのです。「自己内反省」としてのノートと，「授業実践記録」としての学級通信を併用したことで，教師の力量形成を促すことにつながるアウトプットができるようになりました。

「写真に残す意識」が授業改善につながる

　日々の連絡や普段の出来事以外に，授業の様子を学級通信に載せています。「子どもたちがノートに向かう様子」「対話する様子」「黒板に書いている姿」「発表している姿」などを通信に載せて発行しました。

　しかし，はじめのうちは授業の様子を写真に残すことができませんでした。「教師が中心」の授業を行っていたため，写真を撮るチャンスがなかったからです。教師が指示・説明を行い，机間指導に入る……。「教師が頑張る授業」になっていました。子どもたちの姿を写真に残す時間などなかったのです。

　そこで，授業に下のような活動を取り入れるようにしました。学級通信に子どもたちの姿を載せ，授業実践として残そうとする意識が，自分自身の授業スタイルを変えるきっかけになったのです。

・子どもたちがノートに向かっている様子（個人）
・子どもたちの対話の様子（ペア）
・子どもたちが話し合っている様子（小集団）
・子どもが発言したり，黒板に書いたりしている様子（全体）
・授業後の板書　　　　　　　　　　　　　　　　　　　　　　　　　　　　　など

学級通信で学級に「プラスのストローク」を生む

　学級通信を通して授業実践の振り返りをしようとすると，次のようなプラスのストロークが生まれます。

1　子どもたちの活動を中心とする授業を練る
2　子どもたちが生き生きと活動する
3　写真に撮ることで子どもたちを肯定的に見取る
4　学級通信の中で子どもたちの頑張りを言語化できる
5　学級通信を読み聞かせ，子どもたちが成長を実感する
6　学級通信が家庭に届き，保護者に学習内容や授業の様子が伝わる
7　（ときに，保護者からフィードバックがある）
8　教師自身の次の授業への意欲が高まる→1へ戻る

対話的な学びの様子

授業への参加の様子

　こうした1～8の流れが日々の授業を成長させるきっかけになります。「授業実践を学級通信で残す」ことは，「振り返り」を超えた授業改善へのチャンスなのです。

学級通信で「子どもたちの成長」を伝えるため！

子どもの姿を「切り取る」意識が教育観を育む

　これまで担任してきた学級を，今でも思い出します。「あの子は今，何をしているだろうか」「あの子は，どんな道に進んでいるだろうか」と考えます。子どもたちとの何気ない雑談や，休み時間に遊んだ時間も思い出します。その一瞬，あの空気感は，今でも大切な宝物です。

　初任の年，夏休み前の個人面談でのことです。教室前の廊下に椅子を２つ，机を１つ用意しました。机上には，受付名簿と数冊の本，そして１学期の学級アルバムの写真を置きました。子どもたちの１学期の様子を伝えたかったからです。

　ある保護者が「先生，子どもたちの写真，すごくいいですね！」と言ってくれました。私は「ありがとうございます！　特にどの辺がよかったですか？」とつっこんで聞いてみました。すると，「……なんだかねえ，子どもたちが楽しそうに見えます！」と言ってくださいました。子どもたちの表情を見てそう感じてくれたのでした。

　それからは，積極的に子どもたちの姿を学級通信に載せるようにしました。保護者の方々に，もっと子どもたちの様子を伝えたいと思うようになったからです。子どもの姿を伝えようと思う毎日が，子どもたちを「切り取る目」を育ててくれました。その場の現象を切り取るとともに，裏側にある子どもの「意欲」や「熱心さ」，「思いやり」や「温かい心」を大切に「切り取る」ようになりました。学級通信を書くことで，私の「教室で大切にしたいこと」が明確になっていったのです。

子どもの「成長の瞬間」を語れるようになる

　この写真は，ある日の掃除の様子です。実は，この班は分担作業や取り組みが甘く，中途半端な掃除をしていました。時間内にも終わりません。

　しかし，ある子だけは黙って人の何倍も働いていました。私は，その様子を学級に伝えました。すると，周りのメンバーの気持ちが変わり始めたのです。「このままではダメだ」と思い始めたのでしょう。開始時刻に合わせて掃除を始め，普段より5分以上も早く終わらせました。仕上げ掃除も行い，机の目印となる位置の補修までしてくれました。写真はそのときの瞬間です。

　こうした成長の瞬間を切り取ることは，子ども理解につながります。普段からカメラを向け，子どもたちの心に迫っていれば，上記のように成長を語ることができます。

　学級通信を通して，こうした学級の成長を伝えてきました。「こうでした」という事実に加え，「何がすばらしいか」「なぜこのシーンを取り上げたか」を伝えてきました。

　こうした子どもたちの姿を目の当たりにすると，もっと子どもたちの成長を信じようと思えました。「今はまだでも，いつかきっと」と，信じ，「成長の瞬間」に出会いたいと思ってしまうのです。

　全ての子どもたちの成長を語れるようになりたいと考えています。

学級通信で素直に喜べる子どもたちが育つ

　私はあまり素直に感情を表すことができません。あなたは，ほめられたら素直に喜べる方ですか。私は，素直に喜ぶなど感情表現できる先生は少ないような気がしています。多くは「そんなことありません……」「いえいえ，私なんて……」「私，何もしていないので……」など，恐縮や謙遜とは違う「もうやめてください」といわんばかりのリアクションをする気がします。

　子どもたちにも同じように，写真に撮られることを避ける子や，通信に載ると「なぜ載せたのですか？」と聞いてくる子がいました。そのような子と話すと，「自信がない」「自分自身があまり好きではない」ように感じます。以後，そうした配慮の中で通信に載せますが，きちんと説明し，事前によさを伝えると，安心するようになりました。

①体力テストの写真

　右の写真のような場面を通信に載せました。通信を見て，「やったー！　私写ってる！」というつぶやきが聞こえてきました。普段目立たない子でしたが，自分が写っている写真が載っていて嬉しかったのでしょう。子どもたちの「素直に喜ぶ心」を大切にしたいと改めて感じました。

②班活動の写真

　右の写真のような場面を通信に載せました。チームワークがとてもよく，何でも一生懸命に取り組む班でした。この写真を紹介したことで，その後の活動もはりきって取り組むようになりました。「班活動，俺

たち得意だから！」と言える自信を与えるきっかけになりました。

　学級通信は，多くの人の目にふれます。担任として，そうした機能を生か
さない手はありません。教師がもつ価値観を，子どもたちや保護者に広げる
場になるからです。

　学級通信を書くことで，学校と家庭で子どもたちをほめ，認め，励まし，
「嬉しい」を素直に表現できる子どもたちを育んでいくのです。

学校と家庭とで子どもを伸ばす

　学級通信を発行する目的として，「家庭（保護者）に学校の様子を知らせ
る」ということが挙げられます。しかし，学級通信を本格的に書くまでの私
は「知らせるのは子どもの（実際の）姿で示せばよい」と思っていました。

　子どもたちと実際に過ごすのは保護者です。どれだけ，学校で起こったす
ばらしいことを学級通信で伝えても，「家庭では変わっていない」と言われ
てしまえば，学級通信は「きれいごと」を言っていることになります。

　私が本格的に学級通信を出すきっかけになったのは，２年目の年にご一緒
した学年主任との出会いでした。中堅の女性の先生で，生徒指導や児童理解
に長けた方でした。音楽が得意で，合唱コンクールなどの行事を力強く引っ
ぱってくださいました。

　その年の４月，「古舘先生は学級通信を書いたことがある？」と聞かれま
した。私は，「月１程度ですが……」と答えました。すると，「わかった！
頑張ろう！　私，毎日出すから！」と満面の笑みで言ったのです。

　つまり私は，私自身が「書こう！」と思ってスタートしたのではなく，主
任についていくために学級通信を書くしかない状況で書き始めました。

　その後，なぜ主任は学級通信を毎日発行しようと思ったのか，なぜ私に自
分と同じようなことを求めたのかを考えました。たくさんお話しをさせてい
ただく中で，その理由がわかりました。それは，

1　家庭に学校生活の様子を理解してもらうため
2　準備物のお願いをし，子どもの忘れ物を減らすため
3　毎日発行し，子どもたち一人一人にスポットを当てるため
4　保護者同士のつながりをつくるため

だったのです。

　その年の学級は，学校生活に困難さを抱えている子が多くいました。不登校ぎみの子も数名在籍していました。素行がよいとはいえず，よく職員室で名前を聞くような子もいました。

　主任は，そうした背景から，家庭で多くの時間を過ごす不登校ぎみの子に，学校の様子を伝えたいと思っていたのです。教室の写真を見せる場として学級通信を発行し，友達の顔を見せてあげたかったのだと思いました。

　また，学級通信を通して「保護者と子どもが関わる機会」をつくるという意図にも納得できました。とにかく忘れ物が多い学年でした。私の学級の場合，４月は宿題の提出率も低く，教科書やノートがない状況は当たり前でした。そうした部分を補うためにも，毎日の学級通信が必要だったのです。

　おかげさまで，毎日発行した学級通信に対し，多くの保護者から感謝の言葉をいただきました。保護者の協力もあり，子どもたちは１年間で大きく成長しました。この場を借りて保護者のみなさまに心から感謝申し上げます。

子どもたちに読み聞かせ，成長を実感させる

　朝や帰りの時間，ちょっとした隙間時間など，担任として子どもたちに話す機会が何度かあります。「髙橋くんがとても素敵な笑顔で対話していて……」「実はこんな事件がありました……」など，ほめることもあれば注意を促すこともあります。

　多くの方は，その場の感覚で話していることが多いのではないでしょうか。悪くいえば「場当たり的指導」です。私もよくあります。しかし，場当たり

的指導に加えて，通信で改めて読み聞かせることで，心に響く指導にできます。そのために，学級通信を活用するのです。

　その場を思い浮かべ，文章を書き，子どもたちに読み聞かせる学級通信だからこそ，担任の願いを伝える効果が高まります。日頃，そうした指導過程が十分でないままに流れていく場合があります。ほめてもその瞬間だけで終わり，指導による成長を実感できない場合もあります。そんなとき，通信を使って成長を読み聞かせるのです。

　その際，写真を載せて解説を加えると，教師と子どもが「教室における価値」を共通イメージで理解することができます。伝えたいことが写真になっているので，「どのような姿が望ましいのか」「なぜこの姿の価値が高いのか」を目で見て理解できます。

　例えば，下のような掃除のシーンを学級通信で伝えるとします。

「ある子が教室掃除の際に，棚の内側の壁も拭き掃除をしていました。入っているものを1回出し，全ての面をきれいに拭いてくれました。『言われたこと以上』の掃除ができる姿勢が立派でした。そうした心をもって掃除に取り組めると学校が美しくなります」

　下線部のような場面は，言葉だけでは伝わりにくいと考えます。写真とセットにし，その場の様子を想起できるようにすることで，子どもたちにも伝わりやすくなるのです。そして，成長を実感できるようになります。

　子どもたちに読み聞かせることで，望ましい教室の在り方を考えるきっかけができます。学級通信は，そうした関係性を育む土台にもなるのです。

学級通信で「教育に関する情報」を共有するため！

「○○教室」を紹介する

　学校生活では，様々な行事があります。「芸術鑑賞教室」「不審者対応教室」「税の仕組み教室」などです。その中で，「交通安全教室」の情報は，積極的に家庭に発信するようにしています。子どもたちの安全管理のため，家庭にも協力していただきたいからです。

　右の通信には，実際に警察の方が指導されている様子を載せています。

　また，学んだことを箇条書きでまとめ，家庭にも周知するようにしています。

　交通ルールや自転車の管理は，「慣れ」が生じる場合があります。通信を通して注意喚起したいものです。

　学校のルールや，自治体・地域の条例などを参考にしながら，子どもたちと共通理解を図るきっかけになります。

22

「動画教材」を紹介する

　スマートフォンやタブレットが普及し，動画を活用した学びの可能性が広がっています。下の通信では，「千葉県薬物乱用防止映像教材」（千葉県健康福祉部薬務課）を活用した授業を紹介しました。

　保健の授業で扱った内容を，より深く理解するために実施しました。子どもたちが，より身近な問題として捉えられるように考えた授業でした。

　この他，保健の内容に「飲酒・喫煙」に関する学習があります。子どもたちには，教材を「家庭で見ることができる」ということを伝えました。

　また，各教科に関する教材も多数あります。個人的には，算数の「円の面積」の動画をよく活用します。円を長方形にするイメージ動画は，子どもたちにとってわかりやすく，重宝しています。

　授業づくりのため，子どもたちのために行う動画検索が，結果的に教師の教材研究になり，指導力向上につながります。著作権等に十分気をつけた上で，積極的に動画活用を行い，家庭と連携していきたいものです。

平成３０年度　木更津市立波岡小学校　第６学年１組　古舘学級
学級・学年便り「Life is beautiful」第１７１号（2019.2.2 発行）

みんなのことを　みんなで考え　みんなで高まる　６１R
一瞬一瞬にプラスをつくる38人・自分思い　友だち思いで　すなおな38人

■薬物乱用の脅威と対策　〜その時あなたは誰を信じますか〜

千葉県健康福祉部薬務課（あと 29 日）

「一回ぐらい大丈夫」

　保健の授業で，「千葉県健康福祉部薬務課」から出ている薬物乱用防止に関する映像を見ました。子どもたちも真剣に見ながら，薬物の恐ろしさやその正しい知識を身につけていたように思います。
　上のシーンは，「もし誘われたら…」という想定で，「断りかた」についてシュミレーションしているシーンです。子どもたちも，「絶対にやらない！」「命の危険がある…」ということをつぶやきながら見ていました。
　私からは，「誘われたら…」ということがない環境や状況に身を置くことを話しました。そもそも，法に触れることをするような人間とかかわりを持つなということです。「友だちだろ？」という誘い文句に，「そんなの友だちじゃない」ときっぱり言いました。
　自分も周りも，人生そのものもダメにしてしまう薬物です。これからの時代を生きる子どもたちは，スマートフォン，タブレット等で情報に触れることが多いと考えられます。自分の目で，自分の頭で，心で，善悪の判断ができる人になってほしいと願っています。

薬物乱用、ダメ、ぜったい！

「中学校の情報」を紹介する

　卒業を控えた6年生にとって，中学校への進学はいろいろと不安を感じるものです。年明けに行われる「中学校説明会」では，子どもたちは緊張の面もちで体育館に並んでいます。

　保護者も交えて行う説明会では，中学校の校訓やルールなどが伝えられます。日々の授業や制服，部活動の紹介もあります。

　参加するたびに，小学校教諭として「中学校へつなぐ」意識をもちます。そして，卒業までの日数で何ができるかを考えます。

　右の通信には，「教科」「努力」「礼儀」の3点に関することを書きました。

　進学先の中学校で大切にされている内容ですが，私は「小学校でも大切にすべきだ」と考えました。そして，卒業までの日数で十分に指導したいと考えました。

　中学校における指導の視点をもつことは，9年の義務教育の見通しをもつことにつながり，視野が広がります。中学校へ送り出しても，小学校での輝きを失わない子どもたちに育てるために，こうした情報共有が必要です。

第90号

言葉の力

平成24年度
富津小6年1組
学級便り
25年2月12日

中学校説明会を終えて

　先週の中学校説明会はどうでしたか。行ってみてよかったことがたくさんありましたか。これまで6年間過ごしてきた小学校を離れ，新しい場所で，新しい友だちをつくり，新しい授業を受け，新しく部活を始める。

　きっと，分からないことが怖くて，不安が大きかったことと思います。でも，この説明会を終えて，少しは様子が分かったのではないでしょうか。そして，私も安心することができました。

　中学校の校長先生や教頭先生が話していたことを覚えていますか。少しだけ確認します。

①中学校は，教科によって先生がかわる「教科担任制」です。どんな先生でも，話がよく聴けることが，中学生への第一歩です。

②富津中学校の生徒が目指していることは，「継続すること」「努力すること」そして，この2つを「なまけずにやること」です。

③地域の人に対して「あいさつや返事」ができる。また，「一言そえる」ことができる。そして，「掃除をするなどの環境整備」ができる。そんな先輩を見習ってください。

　この3つを聴いて安心することができました。なぜなら，君たちの中にも，既に中学生レベルの人がいるということ。また，小学生でも目指す所は同じだということが分かったからです。

　説明会に参加しても，まだまだ不安な人がいると思います。当然です。でも，小学生のうちに何を意識していればよいかがわかりましたね。中学生になるまでに何を準備すればいいのかがわかりましたね。

　あとわずかの小学校生活ですが，できることはたくさんあると思います。これから，志は高く，気持ちは中学生のつもりで過ごしていきましょう。

　保護者の皆様，金曜日はお忙しい中，説明会への参加や児童の引率にご協力いただきましてありがとうございました。子どもたちのマナーもよく，落ち着いて参加することができていたと感じました。残りの学校生活でも，中学校への不安を取り除くことはもちろん，新しい環境にも適応できる「心」の育成を目指し指導を重ねていきたいと思います。

24

「教育イベント」を紹介する

　学校生活の中で，地域のイベントのチラシが配られることがあります。「○○体験！」や「△△交流会♪」のようなものです。

　下の通信では，教育実践研究家の菊池省三先生をお招きするセミナーを紹介しました。

　平成29年7月に私の学級で授業をしていただき，その週末にセミナーを開催したときのことでした。

　この年，月1回の保護者会「しゃべり場」を開催していました。その中で「古舘先生がオススメする教育イベントがあれば紹介してほしい！」と頼まれていました。そうした経緯から，このように紹介することになりました。

　保護者の方も，子どもを連れて参加してくれました。それ以来，管理職の許可を得ながら，教育イベント情報を可能な範囲で発信しました。

　こうした通信は，「教師も学び続けている」という姿勢を示す事実になります。教育イベント情報を載せることで，私自身の学びの場に対する意識も大きく変わりました。

はじめの一歩
～リセット・リスタート・チャレンジ～

波岡小学校
第6学年2組
学級便り第30号
H29年7月7日

■菊池省三先生が木更津へ

　日々，学級で行われる「ほめ言葉のシャワー」は，菊池省三先生という方が生み出したものです。私が学ばせていただいている先生の一人です。その菊池先生が，来週末木更津にいらっしゃいます。

　その際，波岡小学校の校内研究会の講師として，6年2組で授業もしていただきます。7月16日(日)には，菊池先生の講演会もあります。まだ座席に余裕がありますので，興味のある方は，ぜひお話を聞いてみませんか？

菊池省三先生セミナー

期　日：7月16日(日)
時　間：10:00 ～ 16:30(受付 9:30 ～)
場　所：君津教育会館(木更津市新田3丁目4-7)
参加費：3000円（子供無料）
プログラム：下記の通り
AM　映画『ニッポンの教育』
　　　菊池先生のドキュメント映画
PM　実践発表
　　　菊池先生講話
※途中参加・途中退出・中抜けOKです。
ぜひ、子供も一緒にどうぞ！

「プロフェッショナル仕事の流儀」
「タケシのニッポンのみかた」
「世界一受けたい授業」
「ホンネトークバラエティバイキング」
等の番組にも出演されています。

- - - - - - - - - - - きりとり - - - - - - - - - - -

締切 7月14日

申込書

菊池省三先生の講演会への参加を希望します。

　参加される方のお名前

　子供の同伴について　（　連れて行きません　・　連れて行きます　）

学級通信で「学校の様子」を知らせるため！

「自己開示」する

　学級通信の読み手は子どもたち以外にもいます。それは保護者です。子どもたちの手に渡った通信は，家庭へ届きます。保護者の方々に担任として自己紹介すると同時に，ひとりの大人として自己開示が必要だと考えます。保護者の方は，「担任の先生がどんな人か知りたい！」と思っているはずです。

　下の「自己紹介」は，私が本格的に通信を出すことになった，平成21年度の第1号の通信のものです。

〜自己紹介〜

名　前：	古舘　良純（フルダテ　ヨシズミ）
出　身：	岩手県久慈市（青森まで車で1時間）
通　勤：	木更津市（車で約30〜40分）
趣　味：	スポーツ系（フルマラソンに挑戦したい！）
専　門：	体育（柔軟性を取り戻したい！）
給　食：	キムチご飯（出会う前はカレーでした）
性　格：	O型・左利き・しし座・猪年
言　葉：	「朝は希望で起き、昼は努力に生き、夜は感謝で眠る。」
目　標：	皆勤賞！（昨年度体調不良で休んでしまったので）
挨　拶：	「22人を大好きになって、22人と成長できる一年にしたいです！どうぞよろしくお願いします！」

　今読むと，とても恥ずかしいのですが，共通の話題があれば……と思って書いていました。保護者の方々に，担任の人柄や子どもたちに対する願いが伝わるといいなと考えます。保護者の方々とは，なかなか顔を合わせる機会がありません。だからこそ，積極的に自己開示する必要があります。

「お願い」を連絡する

右の通信は，３年生を担任した平成22年度の通信です。いくつかのお願いが書いてあります。

①計算ドリル

進め方の共通理解を図るための連絡をしています。高学年になるにつれ，子どもたちに任せてよいと考えます。しかし，中学年では，このような連絡を行い，家庭にも協力してもらえるようにします。

②水筒の持参

運動会シーズンに合わせて水分補給用に水筒の準備をお願いしました。

また，水泳の時期には水着の用意をお願いしたり，学習発表会では衣装の連絡をしたりもしました。通信は，時期や行事に合わせて家庭への協力をお願いする際に役立ちます。

学習の方針を家庭と共通理解できると，子どもたちが学びやすくなります。担任は，忘れ物指導などをせずにすみ，本来の学習にウエイトを置いた指導ができます。子どもたちも，学習用具を忘れずに用意できるので，安心して学習に臨めます。連絡帳に書いて周知すると同時に，通信を活用して家庭連絡をします。通信には，学校と家庭とで子どもたちをサポートする役割もあります。

「学習の様子」を伝える

　子どもたちの学習の様子は，何よりも新鮮な情報になります。まず目に入りやすい内容は作品（写真）や数字です。

　学校に足を運び，掲示物などを見る機会も少ない保護者に，学級通信を通して作品や学習の様子を伝えられるとよいでしょう。次のようなものです。

・川柳の作品紹介
・漢字テスト満点者紹介
・バトンパスの記録

　こうした日常的な学習の記録を家庭に知らせることは，教師の授業の質を高めることにもなります。子どもたちの足跡をきちんと定期的に残さなければならないからです。

　子どもたちにとっても，自分の作品が掲載されたり，学習の成果が出たりすれば嬉しいはずです。

　しかし，個人情報に関する配慮は必要です。内容については各学校で指導を受けるべきでしょう。

第39号
平成24年度
富津小6年1組
学級便り
24年9月7日

言葉の力

生活の質を高める…

　子どもたちは，「〇〇の言葉」に日々の気持ちを書き加えています。少しずつ慣れてきたようで，書くスピードもだいぶ速くなってきました。

　昨日は，「観察力」と「価値語」についての話をしました。日々の生活の中で，無意識な行動は避け，周りをよく見たり，アンテナを高くする「観察力」を身につけるということ。また，よりよい行動を引き出すために必要な，プラスの言葉をメッセージ化した「価値語」をたくさん使うということです。

　こういった観察力や価値語を常時使えるようになると，子どもたちの意識も高まり，よりよい「集団（1つの目的に向かう人の集まり）」になるのではないかと考えています。

富津小学校
第4学年1組
学級便り　第47号
H21年6月26日

UNITY

漢字を頑張っています！

　先日，「4・5月の漢字のまとめ」のテストを行いました。子どもたちにとっては，「漢字」を「50問」ということに抵抗感があったようです。

　しかし，私は日頃から「1mmもはみださないこと」「ゆっくりと書くこと」「角は丸くしないこと」を徹底して指導しています。最近の子どもたちの漢字練習帳を見ていても，指導内容を意識して書いている子どもが多くなってきたなと感じています。

　採点の結果，4年1組の平均点は94．4点でした。目標とする80点以上をはるかに上回る点数に，私自身とても感動しています。「素晴らしい！」の一言です。

　しかし，この結果は偶然的ではなく，必然的なものだったと感じています。やった分だけ結果はついてくるという証明になったのではないでしょうか？

　来週は，「一学期の漢字のまとめ」のテストを行いたいと考えています。ぜひ，ご家庭でも学習を進め，次回もよい結果につながるようにしたいと考えています。ご家庭では，今回の結果を褒め，励ましながら応援してあげてください。よろしくお願いします。

今回の漢字50問テストで見事100点に輝いた友だちを紹介します！

さんさん　さんさん　さん

タイピングでローマ字学習

　4年生の国語の学習で，「ローマ字」の学習があります。最近では，パソコン学習が進んでおり，ゲーム感覚でローマ字の学習をするのです。

　画面に「あ」が出てきたら「a」を入力するような仕組みになっており，子どもたちはローマ字に対して抵抗感なく取り組めていると思います。

バトンパスが…

　みんなでリレーで一番重要なことが「バトンパス」です。

　しかし，まだまだ4年生。なかなかうまくいかないものです。

　よいタイムが出ても，バトンゾーンを出てバトンをもらうことが多く，「失格」になるケースがあります。

　来週からの課題に，頑張ろうと思います。

今週の記録

学級	10秒59
イエロー	10秒57
レッド	10秒54

子どもの生の声を届ける

■成長ノートより

テーマ「卒業まであと1か月」

　過去の自分はだめだった。でも、この6年2組で変われた。何でだろう。

　それは、本当に大切だったから…。前だったら、「学校嫌だな」とか、「早く小学校卒業したい」とか思っていた。でも、今は卒業もしたくないし学校も大好きになった。とにかくこの6年2組が大好き。

　いざ6年になってみたときは、「怖い」って思っていた。何でだろう。

　それは、卒業するのが怖かったから。「中学にいったら大丈夫かな」とか、いろいろ先のことを考えてしまっていた。でも、今なら「中学に行っても大丈夫」だと思える。この6年2組で学んできたことは、本当に大切なこと。絶対忘れられない本当の宝物。もし、私が6年2組じゃなかったら…。まだ中学や先のことが怖かったと思う。

　私は本当にこのクラスが大切だと思っている。でも、卒業式が終わったら、もうこのクラスはない。私にとっての宝物が1つ消えていく。本当に悲しい。自分の大事なものがなくなっていくから。

　なくなっても大丈夫っていうことが、そのために必要なことが、この1か月でわかるだろうか。もしかしたらわからないかもしれない。でも、この仲間・クラスだからわかることもたくさんあると思う。

　これからも、この先も、この学級は忘れない。

　上記の作文は，平成29年度の6年生の子の作文です。卒業を1か月後に控えた中で書かせた作文でした。

　過去のこと，今のこと，そして未来である中学校のことをつないで考えながら，自分の内側と一生懸命に対話しています。過去の嫌だったことを赤裸々に語りながらも，力強く進もうとするエネルギーあふれる作文です。

　こうした，子どもたちの生の声を家庭に届けたいと考えます。通信がなくてもこのような内容の会話ができたらよいのですが，通信で伝えることの意味も大きいと考えています。

　それは，「この考え方の価値が高い」ということを，担任として子どもと保護者に認識させることができるからです。通信に載せた事実と，それが保護者と子どもに与える影響は大きいのです。子どもにとって刺激となり，保護者にとって子どもの見方が変わるきっかけにもなります。単に学習面や生活面の様子を伝えるだけではありません。子どもたちの生の声を届けることで，表面上ではない，心の芯を大切にする指導ができるようになります。

学級通信で「管理職の指導」を受けるため！

200回の指導を受けた2年目

　初任の年，1学期の所見を提出した翌日のことでした。職員室に戻ると，机上には付箋がたくさんつけられた所見が置いてありました。周りの先生からは，「くじゃく」と呼ばれました。管理職三者が3色の付箋をつけていたので，その様子が羽を広げたカラフルなくじゃくに似ていたのです。

　教務の先生からは，「子どもたちの様子が伝わってこない」「ぼんやりしていて何が言いたいかわからない」と指導を受けました。自分が一番苦手としていた文章表現についての指導だったため，改めて自分の文章力のなさを痛感しました。

　その指導を受けた付箋は，今も残してあります（上写真）。いつでも初心を忘れないようにしたいからです。

　教務の先生からは，言葉づかいや漢字の使い分けを教わりました。より豊かな表現にするための語彙や言い回しも学びました。

　何度所見を書いてもこの付箋のことは忘れられません。しかし，十数年経った今，以前よりは滞りなく所見を書くことができるようになりました。その理由は，学級通信を通して管理職の指導を受け，文章力を鍛えてもらったからです。

　特に，本格的に書き始めた2年目の学級通信は，年間で200号になりまし

た。学年主任の先生が「１日１枚」をノルマにしてくれたおかげです。初任の年に「くじゃく」を経験していた私は，自分で「強制的に文章を書く環境」に身を投じたのでした。

　帰宅すると同時にパソコンを開き，通信を書く。翌日の朝一で教務の先生に起案し，教室へ向かう。午前中には通信が返ってくるので，昼休みに修正して印刷し，帰りの会で配る。そんな200日間を過ごしました。

　机上に返ってきた通信を見て「朱書き」を確認するドキドキ感は，今でも忘れられません。一方，主任の先生は返却された通信を持ち，そのまま印刷していました。「いつかああなりたい」と憧れていました。

学級通信は「書き出し」で決まる

　令和元年度から２年間，縦書きの学級通信に挑戦しています。頻度を週１回にし，文章量を増やしてみました。高学年を担任することが多く，子どもたちと一緒にじっくり読みたいと考えたからです。文章量を増やすことで，子どもたちに投げかけたい内容を細かく具体的に伝えることができます。

　これまで，「Ａ４横書き」のスタイルで書き続けてきました。２年目の年の主任と同じスタイルにし，それが当たり前になっていたのです。Ｗｏｒｄや一太郎の新規文書もＡ４，学校で用意する紙もＡ４で手頃だったからです。違和感なく「Ａ４横書き」のスタイルで書き続けてきました。

　しかし，「管理職から作文指導を受けたい」と思っていた私にとって，Ａ４横書きのスタイルはデメリットもありました。「文章量が少なくなる」ということです。Ａ４サイズの学級通信では，４分の１のスペースをタイトルや発行日に費やします。写真を挿入すると，文章のスペースはほとんどとれません。そのため，次ページのようなレイアウトでスペースを工夫したこともありました。通信のタイトルを「漢字一字」にし，右上のスペースを記事のスペースとして確保したのです。しかし，今度は文字ばかりを詰め込んだ形になり余白のない文字だらけの通信になってしまいました。

そんなとき，校長先生から指導を受けました。「いきなり書き出せ」という指導でした。校長先生は，「学級通信の前置きが長い。つべこべ言わずに一気に本題に入ったらどうだ？」と言いました。

続けて，「先生は，いっぱい通信を出しているんだから，前置きとか挨拶文はときどきでいいんだよ。それよりも伝えたいことを，ダイレクトに書いていいんじゃない？」と言いました。その指導をいただいたことで，悩んでいたことや考えていたことがつながり始めました。

H25年度　波岡小5年2組
学級だより　第02号

道

★授業参観・家庭訪問を終えて

授業参観及び懇談会へのご出席をはじめ，家庭訪問にご協力いただきありがとうございました。
保護者の皆様から，温かいお言葉やご指導をいただけたことで，私自身，この1カ月の指導を振り返ることができました。ゴールデンウィークがあけると，運動会に向けての取り組みもスタートします。子どもたちの更なる成長を期待し，これまで以上に元気を引き締め，教育活動に力を入れていきたいと思います。
たけのこ畑り下では，急なお願いにも関わらず準備にご協力いただきありがとうございました。

★一人が変わると…

「一人が変わると，周りが変わる。周りが変わると，クラスが変わる。クラスが変わると学年が変わる。学年が変わると学校が変わる…。」という話をしました。「一人の力が学校を変える」という言葉にピンときていない子も多くいたように思いましたが，まずは自分たちがよりよく成長しようという話をしました。
朝7時5分になると，それぞれが本を読むようになりました。「僕・私以外もまだ立ち歩いているから…。」という人任せな態度をとらなくなってきました。朝の朝練習からの準備時間も短縮できたということになります。
給食準備は，初回に25分かかりました。手洗いやトイレに行くと，なかなか教室に戻ってこない様子が少し気になっていました。教室で，「準備時間は休み時間とは違う」という話をすると，全員が準備を終え，着席するまでに4分程度，食べ始めまでに10分程度で準備を終えられるようになりました。15分間無駄な時間を減らせた分，十分な給食時間が得られ，たっぷり昼休みを過ごせるようになりました。
このように，叱る場面や指導する場面が少なくても，一人ひとりが高い意識を持ち，変わっていくことで，クラスはよい変化を見せます。
これは，朝読書や給食以外にも言えることで，授業中は筆入れを机に出す子はほとんどいません。休憩に入るときには，次の時間の準備をして休憩に入ります。授業中も，ほぼ一度の指示で学習活動に入ることができるようになってきました。
クラスは個の集まりです。それぞれが高め合う関係であってこそ，成長が見られます。個々を大切にしつつ，集団としても成長できるよう，これからもたくさん言葉をかけていきたいと思います。

★言われて嬉しい言葉・ほめられて嬉しい言葉

子どもたちに考えてもらいました。どんな言葉や行動に「価値があるか」を子どもたちは知っています。それを行動化することは難しいことですが，実践力につなげられるよう，指導していきたいと考えています。

・ありがとう	・それいいね	・集団になっているね
・やさしいね	・字がきれいだね	・望ましい行動だね
・一緒に遊ぼう	・姿勢がいいね	・親切だね
・大丈夫？	・準備がはやいね	・話をよく聴いているね
・がんばって	・年下に優しいね	・チャレンジャーだね

- タイトルは全体の6分の1程度にし，タイトルでスペースをとらない
- 挨拶文は，5回に1回程度書くようにし，いきなり本題から入る
- 書き出しを意識し，一文目で内容が伝わるように工夫する
- 写真は2〜3枚程度にし，文章を大切にした通信にしていく

上のように，自分の通信に対する芯をもち始めると，自信をもって書けるようになっていきました。わりきる部分とこだわる部分を明確にでき，写真を入れても限られたスペースで「作文指導」を受けることができました。

また，定期的に「写真なし通信」を書くことで，書き出しにこだわらず，表現力や説明力などを意識して書くこともできました。

校長先生の「いきなり書き出せ」という一言で，一文をより短くする意識が芽生え，自然と語彙力を増やすことにつながりました。それが，言葉を通した表現力の向上につながったと考えます。

学級通信の「書き出し文例25」

平成30年度の学級通信「Life is Beautiful」は，毎日発行を基本としました。Ａ４横書きのスタイルで書き，一文目を大切に書いてきたつもりです。その中から，25個の書き出しを紹介させていただきます。

1　はじめまして。今年度担任になりました，古舘良純（フルダテ・ヨシズミ）と申します。波岡小学校在籍６年目になりました。
2　始業式，ほとんど子どもたちを話す間もなく帰してしまいました。心もざわざわ，動きもバタバタでした。でも……
3　席替えをしました。「自分たちで決めたい」という自主・自立への思いが伝わってきました。
4　子どもたちに，「価値語」を通して学びを深めてもらいたいと考えています。「価値語」とは教育実践研究家の菊池省三先生の……
5　６年生は，授業のたびに教室移動が多いな……と感じます。理科室へ，音楽室へと授業のために向かいます。
6　先週は，授業参観及び懇談会，PTA総会に参加いただき，ありがとうございました。
7　公益社団法人全国学校図書館協議会によると，児童生徒の１か月の平均読書冊数は，小学生で9.8冊。中学生で4.3冊。高校生で1.3冊となっています。
8　教室の気温は34度あります（笑）。しかし，子どもたちは弱音を吐かずに授業に取り組んでいます。
9　４月からスタートしている係活動ですが，９月から新しいメンバーで再スタートさせました。
10　人は，「言葉」とともに生きています。話すこと，聞くこと，書くこと，読むこと，そして考えること。

11　朝読書があります。毎日10分間です。

12　すばらしい手の挙げ方です。指先までピンと伸びています。

13　成長ノートに書かれていた言葉です。「人のために……」「みんなのために……」「人の役に立つ……」という言葉です。

14　琴の体験教室がありました。話の聞き方がとても立派でした。

15　今年もよろしくお願いします。残り，３か月，10週，48日間です。いよいよ卒業です。

16　３学期がスタートして，もう１週間を終えると思うと，時の流れの速さに驚きを隠せません。

17　長縄の練習が始まって１週間が経ちました。練習は，全校が取り組む「業間練習」と，「体育の授業」だけです。

18　金曜日は，中学校の入学説明会ありがとうございました。子どもたちも緊張しながらの参加になったことと思います。

19　道徳の授業で，「東日本大震災」に関する教材を扱いました。

20　社会科の授業で，「日本とつながりの深い国々」について学習しています。

21　冬休みを終え，１月がスタートしたと同時に１月最終日を迎えた気分です。登校日数は18日間でした。

22　授業を終えるたびに「この時間，成長した人？」と聞くようにしています。「一瞬一瞬にプラスを生み出す」のですから，何かしら成長していなければならないと思うからです。（※学級目標の言葉を引き合いに出している）

23　図工で，「１枚の板から」という作品をつくっています。イメージするものを切り出し，組み立て，彫り，デザインし，仕上げます。

24　写真のことを覚えていますか？　６年生になった初日に，みんなが，１年生の入学式の会場準備をしてくれた様子です。

25　さて，卒業式を終えて２週間が経ちました。改めて１年間ありがとうございました。（※離任式の際に出した通信）

所属校で学ぶ教師になろう

　20代の頃，何度も校長室に呼び出されました。不適切な発言や立ち振る舞いに対する注意を受けていたからです。深く考えずにしてしまった軽率な行動や，つい口をすべらせてしまった失言など，今考えると反省することばかりです。しかし，管理職に責められても，納得できないことは何度も聞いたり，尋ねたりしました。

　通知表の所見や学級通信でも，山のような付箋や真っ赤になるほどの朱書きをいただきました。理不尽に責められることもあったため，「ふざけるな！」「何が悪い！」と感情的に受け止めてしまうことも少なくなかったと思います。

　しかし，冷静に読むと，その付箋や朱書きの全てが納得できるものでした。読み直してみると，スッと心に入ってくる文章だったからです。そして教室で子どもたちに読み聞かせるときに「なんて読みやすい文章だろう……」と感じました。

　不思議なことに，「いつか見返してやる」と思いながらも，学級通信の指導を受けることに楽しさを感じるようになっていました。

　毎日学級通信を出すようになり，夏を迎える頃，教務の先生が「今日は直しなかったよ！」と私に声をかけてくれました。私は思わず職員室で「ありがとうございます！」とお礼を言っていました。あの日の達成感は，今でもはっきりと覚えています。

　私は，半ば反骨精神で学級通信を書き始めました。文章力を身につけたいと思ったからです。本書は学級通信が教師を育て，子どもたちを育てるという視点で書きました。現在，休日にセミナーがあったり，SNSでの学びがあったりします。オンラインセミナーも普及し始め，学習環境に飛び込みやすくなりました。しかし，私はこれまで，所属校の管理職に学び続けてきました。同時に私は，学級通信を通して，管理職に育てていただいたのです。ぜひみなさんも，所属校で学べる教師になってください。

コラム 子どもが書く通信

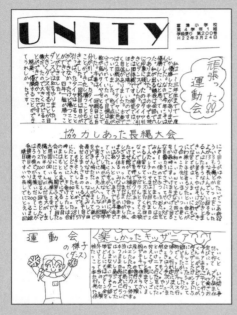

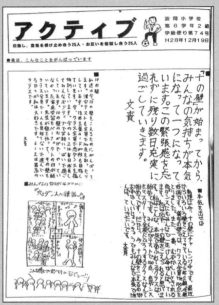

　「UNITY」は，平成22年度の4年生の通信です。200号目は学級全員に書かせました。最終200号を自分で書いて家庭に届けるようにしました。

　1年間をまとめる1号になり，世界に1通だけの通信となりました。

　「アクティブ」は平成28年度の6年生の通信です。2学期末に学級全体に課した「10の壁」に取り組む中で，子どもたちが感じたことを書いてもらいました。4分の1サイズの紙を何枚か用意しておき，子どもたちが書いた順に貼り合わせて印刷します。「子ども参加型」の通信です。

Chapter 2

発行の ポイント
ちょこっとスキル

タイトルは「見た目」も「意味」も重視する！

　上の写真は，これまでに私が発行してきた学級通信を冊子にまとめたものです。丁合したものを印刷会社に頼んで製本します。修了・卒業後に業者に依頼し，３月末の離任式で各家庭に配っていました。

　タイトルを並べると，その年の学級づくりの軸を思い出します。大切にしていたテーマや，教師の願いがタイトルそのものだからです。私が発行してきた学級通信のタイトル一覧を紹介します。（年度・タイトル・学年・理由順になっています）

・平成20年度「TEAM４－１」（４年生）「チーム〇〇」に憧れて。
・平成21年度「UNITY」（４年生）主任の通信「歌音」に寄せ，音楽風に。

・平成22年度「Smile」（３年生）笑顔あふれる１年にしたい。
・平成23年度「Are you ready?」（６年生）初６年担任。中学への準備。
・平成24年度「言葉の力」（６年生）教育雑誌で見た言葉に影響を受けた。
・平成25年度「道」（５年生）初異動の年。学年テーマが漢字一字だった。
・平成28年度「アクティブ」（６年生）「アクティブ・ラーニング」がテーマ。
・平成29年度「はじめの一歩」（６年生）４年生→６年生と二度目の担任。
・平成30年度「Life is Beautiful」（６年生）ケツメイシの曲から。
・令和元年度「なんどでも」（６年生）千葉を退職し，岩手で新規採用。
・令和２年度「ダンデライオン」（６年生）学年カラーの黄色に合わせて。

　通信のタイトルの決め方は人それぞれです。子どもたちと一緒に考える場合もあるでしょう。私は，担任としての願いを子どもたちに示す形で決定します。子どもたちの実態に合わせると，どうしても，「目的意識」が生じたり，「課題設定」のようになったりしてしまうからです。

　例えば，平成22年度の「Smile」というタイトルが「笑顔の少ない学級だから」という理由だったとしたらどう感じるでしょうか。残念な気持ちにならないでしょうか。

　学級通信は担任が自発的に書きます。強制的な仕事ではありません。だからこそ，前向きな願いのもとに発行されるべきです。そのような考えから，担任が先行してタイトルを決め，示すようにしています。

タイトルの「意味づけ」が通信の軸となる

　学級通信のタイトルに込めた願いは，学級通信第１号で保護者や子どもたちに伝えるようにします。次ページの内容は，令和元年度・令和２年度の通信で実際に伝えたタイトル設定の理由です。

　パッと思い浮かんだ言葉が「何度でも」でした。次のような意味や願いが込められています。

人は	でも人は	何度でも
何度も失敗し	何度もリトライし	チャンスがあり
何度も挫折し	何度も前を向き	何度でも
何度もうまくいかず	何度も夢を見て	チャレンジできる
何度も悔しい思いをし	何度も成功を願い	そう何度でも
何度も心が苦しくなる	何度も心を奮い立たせる	

　こんな意味を考えた後に，ドリカムさんの「何度でも」が頭の中に流れました（笑）。子どもたちの中に，「何度でも」という強い芯が育つようにという願いを込めています。私自身も，子どもたちと何度でも向き合い，何度でも声をかけ，何度でも寄り添いたいと考えています。

■令和２年度「ダンデライオン～一面に咲くタンポポの花～」
2020.4.21発行

　6学年スローガンは「希望～自分を信じて～」です。イメージカラーは「黄色」になります。その色から連想したものが「タンポポ」でした。そのまま使うと低学年っぽくなると感じました（笑）。そこで，英語に変換し「ダンデライオン」にしました。

　そして，26人が教室で咲き誇ってほしいと願い，サブタイトルとして「～一面に咲くタンポポの花～」を加えました。

　タンポポは，風に負けぬよう，葉を地面に這わせて伸ばします。根は太く，深く張ります。茎は長く，しなやかで，綿毛を遠くへ飛ばそうと風に耐え抜きます。そして，誰に水をもらうでもなく懸命に咲き続けます。老若男女に知られ，誰からも愛される花です。

　子どもたちにも，自分の心の芯を太くもつことを大切にしてほしいと考えました。自分自身を高く高く伸ばしてほしいと考えました。そして，3月に

は小学校を立派に巣立ってほしいと願い，このタイトルにしました。

「フォント」や「デザイン」もこだわる

　素敵でカッコいいタイトルだとしても，「フォント」の選び方によって学級通信のインパクトが変わります。そのタイトルを引き立てるフォントを選び，デザインしていくことで，学級通信の価値が高まります。

　以下，（年度・タイトル・学年・フォント・実物）の順に紹介します。

■平成20年度「TEAM４－１」（４年生）DF 特太ゴシック体・斜体

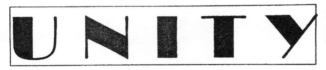

富　津　小　学　校
第　４　学　年　１　組
学 級 通 信　第10号
Ｈ21年２月25日

■平成21年度「UNITY」（４年生）Broadway BT

富　津　小　学　校
第　４　学　年　１　組
学 級 便 り　第１号
Ｈ21年４月６日

■平成22年度「Smile」（３年生）HGP 創英角ポップ体

富　津　小　学　校
第　３　学　年　１　組
学 級 便 り　第１号
Ｈ22年４月６日

■平成23年度「Are you ready?」（６年生）Westwood LET

富 津 市 立 富 津 小 学 校
第　６　学　年　２　組
学 級 便 り 第 １ 号
Ｈ23年４月６日

■平成24年度「言葉の力」（6年生）HG行書体

第1号

言葉の力

平成２４年度
富津小６年１組
学級学級便り
２４年４月６日

■平成25年度「道」（5年生）有澤太楷書

Ｈ２５年度　　　波岡小５年２組
学級だより　　　第０１号

道

※この部分は自己紹介

★はじめまして、古舘です。

　はじめまして、今年度富津小学校より転任して
参りました古舘良純（ふるだてよしずみ）と申しま
す。１年間、３１名の子ども達の担任と務めるこ
ととなりました。よろしくお願いいたします。

簡単プロフィール
①今年で３０歳になります。（猪年）
②岩手県久慈市出身（千葉県６年目）
　（朝ドラ『あまちゃん』のロケ地）

■平成28年度「アクティブ」（6年生）DF特太ゴシック体

アクティブ
～子どもたちの輝く姿～

波岡小学校
第６学年２組
学級便り第１号
Ｈ２８年４月６日

■平成29年度「はじめの一歩」（6年生）DF特太ゴシック体

はじめの一歩
～リセット・リスタート・チャレンジ～

波岡小学校
第６学年２組
学級便り第１号
Ｈ２９年４月６日

■平成30年度「Life is Beautiful」（6年生）Cooper

平成３０年度　木更津市立波岡小学校　第６学年１組　古舘学級
学級・学年便り「Life is beautiful」第０１号（2018.4.6 発行）

197 日の「人生」における、子どもたちの輝く笑顔、
すなおな心、たくましい姿をお伝えする魂の記録！

■令和元年度「なんどでも」（6年生）MS ゴシック

令和元年度 花巻市立 若葉小学校 六年二組 学級通信

なんどでも

2019.8.28 発行
第０１号
文責　古舘良純

■令和２年度「ダンデライオン」（6年生）MS ゴシック

令和二年度　花巻市立若葉小学校　六年一組　学級通信　第一号　令和二年四月二十一日　文責：古舘良純

ダンデライオン　～一面に咲くタンポポの花～

　書き始めて４作（平成20～23年度）は，英語のタイトルでした。様々なフォントを試す楽しさがありました。また漢字のタイトルを筆文字にし，硬派なイメージにしたこともありました。イラストを入れたり，副題をつけたりする工夫や，文字を太字・斜体にするこだわりも大切にしました。平成30年度は，学級マークをつくり，そのままタイトルにしました。令和元年度・令和２年度のタイトルは縦書きで，白黒を反転させる工夫もしています。

発行の「目的」をもち，「ペース」をコントロールする！

「発行数」は気にしない

　10年以上取り組んできた学級通信ですが，その年によって発行頻度や発行数が違います。発行数とページ数も違います。また，発行しない年もありました。その中で考えたことがいくつかあります。それは，「多く出すからよいとは限らない」「目的によって発行数は変わる」ということです。

　小学校の年間登校日数は200日前後です。毎日発行して200号という数が目安となり，2日に1回で100号という計算になります。以下，私が今まで発行してきた数をまとめたものです。

・平成20年度「TEAM 4 - 1」（4年生）　　　　10号・10ページ
・平成21年度「UNITY」（4年生）　　　200号・224ページ（本格実施）
・平成22年度「Smile」（3年生）　　　　132号・150ページ
・平成23年度「Are you ready?」（6年生）　　55号・111ページ
・平成24年度「言葉の力」（6年生）　　　102号・119ページ
・平成25年度「道」（5年生）　　　　　　11号・11ページ
・平成28年度「アクティブ」（6年生）　　109号・109ページ
・平成29年度「はじめの一歩」（6年生）　　100号・100ページ
・平成30年度「Life is Beautiful」（6年生）　200号・200ページ
・令和元年度「なんどでも」（6年生）　　　23号・46ページ
・令和2年度「ダンデライオン」（6年生）　　25号・50ページ

平成30年度は単学級だったので，別途学年通信を23号・23ページ分書いています。また，令和元年度の「なんどでも」は2学期から発行し始めた数です。令和2年度の通信は，2020.12.4（2学期）現在の数になります。

こうして並べてみると，月に1回のペースから，週1回，毎日と様々なペースで発行し続けてきました。号数が少なくても気にせず，発行してきました。平成28年度以降は，「1枚1号」が基準となり，安定した文章量で発行できるようになりました。平成26・27年度は発行せず，「無理に書かない」ことを選択してきました。

学級通信に振り回されない

学級通信発行のポイントとして，「ペースは自分で決める」という判断があります。「学級通信に自分を合わせる」スタイルは，いつか自分自身が目的を見失い，苦しくなっていくことが考えられます。

もちろん，通信を楽しみにしている方がいたり，自分で決めた目標を貫きたいと思ったりすることもあります。しかし，「出さないとどう思われるか……」や「○号達成できていないから……」など，ネガティブな状態で無理やり間に合わせる通信は，誰にとっても有益にならない通信になります。

「書けないときは書かない」とわりきることができなければ出し続けることもまた難しくなってきます。発行し続けるコツの1つとして，書き続けることを基本としつつ「書かなくても大丈夫」と思える心構えが必要です。

平成20年度・平成25年度は，月1回以下のペースで発行しました。平成25年度にお世話になった保護者に，「月1で届く，先生からの通信は熱かったよね！　今でも大事にとっていますよ！」と，その2年後に言っていただいたことがあります。「月1」の発行だとしても，思いや願い，子どもたちを大切にしている気持ちは確かに伝わるものだと実感しました。

たとえ発行数が少なくても，目的意識を確かにもって書いた学級通信は心に響きます。量や頻度に振り回されない学級通信であるべきです。

「発行頻度」で「内容」を考える

　先にも述べたように，通信の発行のペースは「月１」「週１」「毎日」があります。また，「不定期」もあります。１回の通信の分量は，私の場合Ａ４，Ｂ４です。ただし，Ｂ４の場合，Ａ４で２ページ分（Ａ３）を縮小しています。Ａ４で２ページの場合，両面に印刷していたこともあります。

　発行のペースと分量を考えると，どのような内容を書けばよいか，書くことができるかのヒントが見えてきます。

■「月１回発行」の場合の内容
・主な行事
・何があったか・何をしたか・どんな学習だったかなどの事実（※１）
・活動の様子を伝える写真

■「週１回発行」の場合の内容
・主な行事・学級の出来事（授業や係活動など）
・※１の事実文と事実に対する担任の考え
・持ち物等の連絡

■「毎日発行」の場合の内容
・主な行事・学級の出来事（授業や係活動など）・ある子のドラマ
・子どもたちの作品や作文
・先を見通した担任の願い
・保護者からのフィードバックコーナー（切り取りコーナー）
・持ち物等の連絡・急な事務連絡

　以上にまとめたように，ペースによって伝えられる内容に違いが出るはず

です。月１回なのに，一人の子の作文で埋めてしまっては場違いのような感じになります。逆に，毎日書けるほど行事はたくさんありません。

　自分が書くペース，書きたいペースを見つめ直すことで，内容を取捨選択できるようになり，学級通信がより書きやすくなるでしょう。内容に困ったり迷ったりしたときは，頻度と内容を照らし合わせて吟味してください。

「読み手」を意識して書き分ける

■頻度や内容について

　一週間に一枚程度、お届けできたらと考えています。子どもたちの様子や、家庭へのお願い、そして私自身が考えていることなどをお伝えします。共感していただいたり、疑問をもたれたりしたら、ぜひ連絡帳等を通じてご連絡いただけるとうれしいです。

　また、字体によって読み分けをしていただくようにお願いします。次のような感じです。

この字体は、保護者＆子ども向けです。

この字体は、強調したい部分です。

この字体は、子どもたち向けです。

　この通信は、六年二組に関わる全ての人に向けて書いているつもりです。書ける範囲で字体をかき分けてみます。ぜひ、いろいろな視点でお読みください。

　上記のように，読み手が「保護者」か「子ども」かで字体を変えるようにしています。実際は，発行数が増えるにつれ，字体の変化はなくなっていきます。読み手が，字体にかかわらず読み分けられるようになるからです。あらかじめ上のように伝えると，読み手も意識するようになります。担任としても，「今回は子どもに伝える」と意識すれば，内容や選ぶ言葉も変わります。記事を「読み手」で書き分けることが，通信を書き続けるコツになります。

学級通信作成をルーティン化する

　学級通信に関する連絡をいただいたり，相談を受けたりすることがあります。その多くが「いつ書いているのですか？」「どのくらいの時間で書いていますか？」という内容です。年々，働き方に応じて書き方は変わっていますが，今は「一気に書き上げない」とお伝えするようにしています。

　若い頃は，勢いで書き上げることも多々ありました。しかし，今は隙間時間を使ってコツコツと書き上げています。そして，書き上げるリズムをルーティン化して書くことが大切だと感じています。

　一気に書かず，小分けにして書くことで感じる私なりのメリットをいくつか紹介します。

1　文章が止まったとき，ためらわずにパソコンを閉じ，次の作業ができる
2　リフレッシュした状態で「続き」を書けるので，文章が生き生きする
3　前に書いた文章を改めて読み，推敲できる。誤字脱字にも気づく
4　まとまった時間をつくらなくてよいので，負担感が低い
5　新しい出来事や，伝えたい事実が生まれたとき，記事の変更が可能

　もちろん，みなさんの働き方に合う・合わないがあるはずです。しかし，ここで言いたいのは，「自分なりの方法で通信作成をルーティン化すべきだ」ということです。ルーティン化ができれば，負担感を減らして書くことができます。「毎日発行」の年は，業間休みに写真を挿入，昼休みに見出しをつける，放課後に記事を書くという流れでした。写真と見出しを意識して午後の授業を行い，放課後に本文を書き上げることができました。「週1回発行」のときは，月・火曜の出来事を，水曜にレイアウトし，木曜に書いて金曜に発行していました。自分の中で作成手順を細分化できれば，通信作成をルーティン化しやすくなります。

「何のために学級通信を書くか？」という目的を見失わない

　Chapter 1 でも書いたように，私が学級通信を本格的に書くきっかけになったのは 2 年目の年でした。「毎日発行する主任」を追いかける形で書きました。初任の年に通知表の所見に多くの付箋でご指導をいただいたことから，管理職の先生に文章力を鍛えていただこうと，半ば反骨精神で書き続けました。

　当時の私には，「家庭に学校の様子を伝えたい！」という理由もなければ，「子どもたちを通信を通して指導したい！」という願いもありませんでした。今考えると，結果的にそのどちらの機能も果たすことはできましたが，私の中でそれらは「目的」ではなかったのです。

　私の目的は「文章力の向上」でした。添削指導していただくために書き続けました。教師として，自分の文章力がこのままではいけないと考えたからです。そうした指導の場に自ら身を投じたことには，今でも後悔はありません。

　もちろん，発行していく中で保護者から温かい言葉をかけてもらったり，子どもたちが嬉しそうに読んだりする姿を見ました。そうした姿を目の当たりにし，今では「保護者や子どものため」という目的を見出すこともできます。

　ぜひ，本書を読まれた先生には，「何のために」学級通信を発行するか再考していただきたいと考えています。「○○先生は学級通信を出してくれるよい先生」と思われたいから書くわけではないはずです。それ自体が目的化した通信は，教師の自己満足にすぎません。

　私は現在，通算11作目の学級通信を書いています。これまで指導をいただいた方々，読んでくださった方々に恥じない通信を書き続けたいと考えています。その方々に感謝を伝える方法は，これからも学級通信を書き続けることです。これからも自分の目的を見失わず，通信の芯を大切にしながら書き続け，自分の文章力を一層磨いていきます。

「スタイル」を決め，「見通し」をもつ！

「4つの型」で書き分ける

①初心者におすすめ「3段構成型」

　書き始めた頃，よく右のスタイルで発行していました。「写真3枚」を用意し，それぞれに「見出し」をつけ，「事実文」を書くスタイルです。

　この号では，下部に「週予定」も入れていますが，予定を書かない場合もあります。

　写真の様子を知らせるため，「事実文」を中心にした内容です。学級通信を出し始めた方や，短時間で書きたい方にぴったりの型です。

②事実を深堀りする「1枚1記事型」

　毎日発行する場合，特に伝えたいと思う「今日の写真1枚」を用意します。右の場合，写真をトリミングして横長にすることで，文章を書くスペースを確保しています。（2～3行分縦を短くしています）

　文章量は「3段構成型」とあまり変わりませんが，「事実文」に加え，担任として「考えたことや願い」を書くため，事実について細かく伝えることができます。その場面をどう捉え，分析するかを考える場合にぴったりの型です。「教師を育てる」通信です。

③保護者が参加する通信「お返事コーナー型」

　1枚1記事型の発展型です。写真の上下を大きくカットし，下部に大きくスペースを確保します。そこに「お返事コーナー」を設け，保護者からお返事をいただける型です。

　初めて発行したときは緊張しましたが，温かいメッセージが返ってくると，「頑張ろう！」と思えました。授業参観や行事などの際に，定期的に組み込むと効果的です。また，感想だけでなく，アンケートとしても使うことができます。

④これぞ学級通信「オール文章型」

　文章だけで事実を伝え，場面を思い浮かべてもらえる型です。

　文章だけの通信を書くことは容易ではありません。自分の中で何度も推敲し，管理職に朱書きをもらって完成に至ります。

　読み手のことを考え，文字が詰まらないように配慮します。また，途中に線を入れたり改行で余白をつくったりしています。

　5回に1回ほど使う型で，文章力を鍛えるために最適なスタイルです。

　令和元年度からの学級通信は，B4で発行しています。A4よりも文字の情報量が多くなりましたが，「3段構成型」のように写真も複数入れることができます。「1枚1記事型」のように事実文と願いを書くこともでき，「オール文章型」のようなボリュームを兼ね備えた形です。私は，4つの型のいいとこどりをした「B4判6段構成型」と呼んでいます。

　上の学級通信は，令和２年度の「ダンデライオン～一面に咲くタンポポの花～」の第２号です。次のような意識で書いています。

1　タイトルを縦書きで３段分貫くことで，右ページの分量を減らす

2　タイトルを白黒反転させて着色することで，インパクトを与える

3　写真３枚を，バランスよく交互になるように段に挿入する

4　写真は，風景（生活），子ども（活動），黒板（授業）にする

5　右１段目に前書きを書き，その他に記事３つにする

6　３段組設定にし，１段の文字数を物理的に減らす

　これまで11作1100枚以上の通信を書きました。そして「Ｂ４判６段構成型」にたどりつきました。教育雑誌の原稿依頼をいただく中で，「見開き６

段」のよさを感じたことも，この型が生まれるきっかけになっています。

　また，この型では写真を複数使いながら，自分の願いをしっかり伝えることができます。今年度の学級通信「ダンデライオン」は週1回の発行ですが，毎日発行の頃と比べてもボリュームは変わらないように感じます。

　そもそも，私が学級通信を書く目的は自分の「文章力の向上」でした。管理職の先生に鍛えていただくためでした。年数を重ね，発行数を重ねていく中で，「Ａ4判3段構成型」の手軽な通信が，「Ｂ4判6段構成型」に変化したのは，教師としての成長を求め続ければ必然の変化だと考えます。

　もし，私の中で「学級通信を出すこと自体」が目的になっていれば，いつまでも同じスタイルだったかもしれません。これからも，私の成長に合わせて新しい学級通信の型が生まれることを願い，書き続けます。

原本データを「複製」して発行を見通す

　通信を書こうと決めたら，自分に合った型を見つけましょう。そして，その原本データを作成し，複製しておくようにします。

■原本を作成する

1　「タイトル」を完成させる
2　日付を「4月　日」とする
3　発行数を「00号」とする
4　「見出し部分（■）」をつくる
5　「原本データ」として保存する

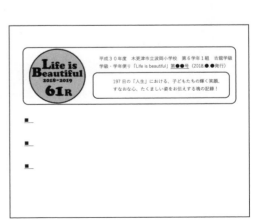

■あらかじめ5号分複製する

①原本を複製する

　「毎日発行」→1週間分（5日間）

　「毎週発行」→1か月分（5週間）

②各データ内に「数」を入力する

　「4月　日」→「4月7日」

　「第00号」→「第01号」

③それぞれ保存する

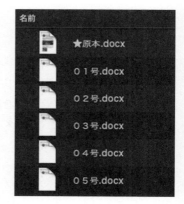

　この「原本作成」と「あらかじめ複製」には，多くのメリットがあります。原本を作成しておくことで，手軽に書き始めることができます。「バックナンバーを開いて余分な箇所を消して……」という手間がなくなります。

　また，月ごと・学期ごとにデザインをリニューアルする際も，「原本」があることで「どこをどう変更したか」が一目瞭然になります。

　5つのデータを，「あらかじめ複製」することもメリットだらけです。日付と号数の間違いが圧倒的に減ります。「今回は何号だったかな？」「次の発行日はいつだっけ？」という確認をせずにすみます。

　毎日発行の場合，カレンダーを見て機械的に入力するだけです。私は今「週1回金曜発行」です。1か月（5号）分を複製しておけば，見通しもよくなります。

　また，複製のメリットとして「数号に分けて知らせる」という裏技があります。校外学習の班別写真などを「その2，その3」と次号のデータに挿入できるので，伝えたい話題が多い行事の報告などに活用できます。

　個人的には，「自分に負荷をかける」ためにも複製します。「複製＝ノルマ」になるからです。私は学級通信をアウトプットの場とし，自分に負荷をかけるようにしています。私にとって学級通信は，ある意味修行の場です。

「見せる通信」という意識をもつ

　レイアウトやデザインにこだわった通信は「見せる通信」としての機能を
もちます。「何があったか」を写真やイラストで「見せる」のです。

　学級通信を書くとき，「読み手」をイメージします。通信を手にする方々
のことを決して忘れてはいけません。いかに読みやすく，見やすいスタイル
にしていくかが「書き手」としての課題でしょう。

　「見せる」スタイルとして気をつけている基本がいくつかあります。

■見出しはゴシック体か太字，本文は明朝体で統一する

　見出しは1行に収めるようにし，目立つようにします。目立たない場合は
「網掛け」にすると，際立つようになります。本文は基本的に明朝体です
（最近は「UDフォント」も使ってみるようになりました）。基本的に，本文
に関してはフォントは何種類も多用しないようにします。（読みわけ用に変
えることはあります）

■写真を強調したい場合は，本文の前（上段）か，左側に配置する

　パッと通信を見たときに，左側が目に入ります。そうした効果を利用して，
写真を見てほしいときには左側に配置するようにしています。文章を読んで
もらいたい場合はその逆です。「1枚1記事型」の場合は，写真が上で本文
が下になるようにしています。

■印刷は「グレースケール（白黒印刷）」にする

　通信は，基本白黒印刷で配付します。写真がイメージ通り印刷されている
か，画像がつぶれていないかを確認するために，通信が完成したらグレース
ケール設定で印刷します。「見せる通信」の大切な視点です。

学級通信で使う前提で「写真」を撮る！

使いたい写真を「ねらって」撮る

　日常的にカメラを携帯し，子どもたちの輝く姿を切り取るようにしています。しかし，何でもかんでも撮りまくるわけではありません。子どもたちの姿を見て，伝えたいなと思うことが生まれ，そうした事実を残すために写真を撮ります。「撮るべくして撮る」のです。

　写真を撮るときは，下の図のように，「全体−個人」の軸と「後−前」の

A　　　　　　　　　　全体　　　　　　　　　　C

後
（横）　　　　　　　　　　　　　　　　　　　前
　　　　　　　　　　　　　　　　　　　　　（横）

B　　　　　　　　　　個人　　　　　　　　　　D

軸を意識して撮るようにしています。この違いを意識するだけで，子どもたちの姿の「切り取り方」に幅が出てきます。

　教師が対話を促したり，係活動を促進したりします。関わり合うことの大切さを伝え，集団行動のよさなども実感させます。そこに子どもたちの願いが合致すると，このような姿をねらって撮ることができます。

A 「全体を後ろから」ねらって撮ったシーン

　学年通信などにも挿入でき，用途が多いアングルです。学期はじめの集会や行事などで撮りやすく，全体の雰囲気を伝える際に使います。

　統一感を乱している子がいないか注意して撮るのがポイントです。配付したときに，ある子だけが悪者になってしまう写真は避けます。全体の集中力や緊張感のある姿を切り取るようにします。

B 「個や小集団を後ろから」ねらって撮ったシーン

　子ども同士の感化を促したいときに使うアングルです。授業後半の練習問題の時間や，掃除，係活動など，自然体で活動している様子を撮ります。

　望ましい行為，学級の目指す姿に近づくようなシーンを切り取ることがポイントです。「見られているからする」「撮られるからする」という姿ではなく，子どもたちの内側から出てきた意欲や積極性，責任感を大切にした姿を撮ります。

C 「全体を前から」ねらって撮ったシーン

　教室全体の成長を伝えたいときに使うアングルです。前から全体を撮ると，子どもたちは「撮られている」と意識します。子どもたちの集中スイッチがオンになり，「みんなが撮られているのだから私も！」と一気に全体のまとまりが生まれます。ある意味，教師の「攻め」の１枚になります。保護者の方々は，授業参観では全体を後ろから見ます。前から見る機会は多くないので前からの様子を伝えることで，学級の育ちを感じてもらうのです。

D 「個や小集団を前から」ねらって撮ったシーン

　個々の真剣な姿，堂々とした姿勢や表情を伝えたいときに使うアングルです。写真に慣れていない子は顔を隠したり，撮られることを嫌がったりします。教師は「一生懸命な姿だからこそ撮りたい」「こういう真剣さが立派だ」と伝え，子どもたちが自信をもてるように声をかけます。自分で真剣さを自覚し，望ましさを感じられると，子どもたちはカメラを向けられても堂々としています。そんな姿が読み手の心を打つ1枚になります。

　私は，写真を撮るときに心の中でつぶやきながら切り取るようにしています。後ろからのアングルは，「温かく見守る心」で撮ります。「いい集中力だ！」「すばらしい！」「応援してるよ！」と心の中でつぶやきます。前からのアングルは，「鍛える心」で撮ります。「負けるな！」「やりきれ！」「成長してるぞ！」と心の中でつぶやきます。

　学級通信で使いたいアングルを細分化し，用途に応じてねらって撮ることは，教師の子どもたちを見る眼差しを鍛えることになります。子どもたちは「肯定的な眼差しで撮られる」ので，安心感をもって成長しようとします。そうした写真が家庭に届くと，読み手はその場をイメージしながら読みます。ねらって撮った写真は，通信の文章を力強く支えてくれるのです。

活動の「事前・事後」を写真で伝える

　先ほど紹介したA～Dのような子どもたちの姿がなくても，子どもたちの様子を伝える方法はあります。「活動の足跡」を写真で紹介するのです。日常風景でピンときたシーンを写真に残し，通信に活用します。

　そのようなシーンを，担任が価値づけ・意味づけすることで，子どもたちは，事前・事後を意識して今後の活動に取り組むようになります。担任にとっても，子どもたちにとっても大切な切り取り方だと考えます。

■机上の様子を写真で伝える

休み時間中に学習準備をしていた子の机を撮っておきます。教科書やノートが開かれた状態です。「事前準備力」を大切にしている様子を伝えます。

■掲示物を写真で伝える

「教室にあふれさせたい言葉・教室からなくしたい言葉」を考え，班ごとに書かせたものをまとめて掲示しました。言葉を大切にしている様子を伝えます。

■靴箱の様子を伝える

下校後の靴箱を撮っておきます。「整える」大切さを伝えます。

この他にも，机，椅子，本棚，雑巾かけラックなど，整えられるものが揃っている様子を伝えます。

■学習後の板書を伝える

学級会後の黒板は，子どもたちの手で仕上げられた大切な黒板です。そうした「自治的風土」を大切にしている様子を伝えます。子ども参加型の板書は積極的に伝えるようにします。

このように，活動の事前・事後に意味を見出して撮っていく姿勢は，子どもたちの姿を撮ることと同じくらい重要です。

　個人情報の関係で子どもたちの姿を通信に載せにくい場合でも，こうした事前・事後の風景を載せることで学級通信をより豊かにしていくことができます。

　しかも，子どもの文字や作品，様子はごまかしがききません。「先生，俺やってないよ！」「私，そんなことしてません！」と子どもが正直に言うからです。こうした「実際の様子」を示すことは，子どもたちの成長の事実を示すことにもつながるのです。

「イラスト」は大きく使う

　学級通信におけるイラストは，文章で伝えきれなかった事実を補うために必要です。また，季節感を出すために有効です。

　本格的に学級通信を発行し始めた年に，市販のイラスト集を購入しました。

TEAM 4-1
富津小学校
第4学年1組
学級通信 第7号
H20年11月5日

2学期は後半戦に入りました！
先日行われた音楽の集いでは，たくさんのご声援をありがとうございました。おかげさまで，子どもたちは日頃の練習の成果を十分に発揮でき，最高の歌声を響かせることができたのではないかと思います。この調子で11月末のドレミファ集会も頑張ってほしいです。
東北出身の私でも，少し肌寒くなってきた今日この頃，朝の健康観察で頭痛や風邪気味の症状を訴える子が増えてきました。元気な状態でご卒成り立つ学習ですので，ご家庭でもお子さんの体調管理に十分に気をつけてくださるようお願いします。

「挑戦」する気持ちで！
最近の4年1組は，とても雰囲気の良い環境だなと感じています。全員がクラスのルールを守ろうという意識で生活し，自分の事は自分でしています。
しかし，30人の学級ですから，全員が全く同じではありません。性格も性別も得意分野も違います。もちろん，苦手な分野もあるでしょう。
2学期に入り，子ども達は漢字や彫刻刀の使い方，発声の仕方や器械運動など，色々な分野の学習をしながら成長します。同時に苦手な分野があったかもしれません。これからもどんどん新しい学習が待っています。今後も，苦手な分野にどんどん「挑戦」していく気持ちを持ってもらいたいと考えています。
「成功するか失敗するかは重要ではない。挑戦するかしないかなんだ！」と，どこかの偉い人が言っていました。なかなか難しいことですが，残りの2ヶ月間「挑戦」させたいと思います！

「正しいこと」って難しい！
私は時々，子どもたちにお手紙を渡しています。そんなに長いものではなく，1～2行の短いものです。その子が最近頑張っていることを認め，周りには見えにくい努力をほめています。中には，直したほうが良いと思うことを指摘する内容のものもあります。
最近の手紙の中で，何人かの子どもに「正しいことをするって難しいことだよ」と書きました。子どもならば，友だちに流されたり，誘惑に負けたりすることもあると思います。でも，本当に友だちのことを考えた「正しい行動」ができるようになってほしいと考えています。

UNITY
富津小学校
第4学年1組
学級便り 第192号
H22年3月10日

地区児童会を行いました
今年度最後の地区児童会を行いました。地区ごとに新しい登校班を決め，班長を引き継いだり，新1年生へのお知らせの手紙を作ったりと，新年度に向けての活動がメインとなりました。
4年生の中にも，来年度，班長になる子もいるようです。色々な面で高学年を意識する場が増え始めてきました。

音楽って楽しいな
音楽の学習で，それぞれのパートに分かれて合奏を行っています。「ボンゴ」などと聞いてもよくわからない学期についても，子どもたちが「こうやってやるやつ！」などと，一生懸命に教えてくれます。
日記で「うまくできるようになりました！」「またやりたいです！」などと書いている子どもも多く，音楽の学習に対して意欲的に取り組んでいます。

みんなで仲よく！一人ひとりが一生懸命に！
最近，校外学習のグループでの班新聞づくりや生活班での給食，同じ課題の友だち同士など，様々な形態で学習を進めたり，活動したりしています。

しかし，それは単に「仲よしグループ」ではなく，お互いがしっかりと課題を持ち，目標に向かって活動できるグループになっています。また，グループにならずに，個人でしっかりと頑張っている子どもも多くいます。
これは，子どもたちが周りの目を気にせず，自分のやるべきことを一生懸命に取り組もうとする気持ちの表れであると感じています。グループでも個人でも，達成する目標は同じです。気持ちがそこに向くからこそ，このような学習ができると思います。
子どもたちがこのように状況でしっかりと学習に取り組めることは，とても頼もしいことです。これまで1年間取り組んできたことが少しずつ形になってきたように感じています。

CD-R からイラストデータを取り出して使ったり，コピーして切り貼りしたりして使っていました。フリー素材なども活用しました。

この2枚の通信は，イラストで本文を区切っているパターンの通信です。イラストを活用して「3段構成型」にしていました。ポイントは，イラストを大きく貼りつけることです。そのイラストで，記事や全体のイメージが伝わるようにします。

左側の通信は，①音楽会の合唱のイメージ，②柿を使った秋のイメージ，③トンボや稲を使った秋のイメージを表現するイラストにしています。（内容との関係はお察しください）

右側の通信は，①他学年との関わりや活動の様子が伝わるような子どもたちのイメージ，②音楽会の合奏のイメージ，③自分の「分身」として貼りつけるサッカーをしているキャラクターを載せています。

通信を書くとき，「写真（イラスト）が先か，文章が先か」と考えることがあります。「写真を撮る」という行為自体がその瞬間を伝えたいと願う教師の思いであるならば，文章が先で，写真が後になるでしょう。メインは文章で，写真は補助的な意味になります。写真を添える意味は，文章だけでは伝えきれないその場の臨場感を出すためだと考えています。

また，文章を書くときに，その瞬間を思い出しながら文字起こしをするための材料でもあります。だからこそ私は，通信への写真挿入を絶対としません。文字だけの通信で伝えきれるならば，それでもよいと思っています。

しかし，読み手を意識すれば，写真やイラストがあった方が，よりやさしい通信になるでしょう。文字だらけの通信はなかなか手にとろうと思わないからです。そこで，文字情報を補うためにイラストでイメージをもたせたり，写真を使って臨場感を出したりするような工夫をするのです。

学校によって，写真掲載に気をつけなければならない場合があります。管理職の先生に相談し，学校の実態に合わせて活用してください。

「お刺身」を食べさせるつもりで書く！

「ネタ・醤油・わさびのバランス」を大切に書く

　何回も紹介しましたが，２年目にお世話になった主任の先生を追いかける
ように通信を発行し続けました。当時は，「保護者に学校の様子を伝えたい」
などの思いはなく，初任時代にいただいた「付箋」をどうにか減らすため，
自分の文章力を鍛えるために書いていました。

　その当時，主任からアドバイスされた言葉を今でも覚えています。「学級
通信は刺身なの！　刺身のバランス！」という言葉です。下の三角形の図で
イメージしていますが，そのときはピンときていませんでした。通信を書き
続ける中でその意味が少しずつわかるようになりました。（※先行実践があ
れば教えてください）

■「ネタ」は鮮度が大切
　起きた事実をすぐに伝えることが大切であるという意味です。新鮮な事実
は，読み手にとって「おいしい」ネタになります。

■「醤油」は素材を引き立てる
　醤油は事実に対する教師の意味づ
け，価値づけのことです。多すぎる
と素材の味がわからなくなります。
少なすぎると素材は引き立てられま
せん。

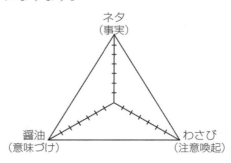

■通信のアクセントになる「わさび」

　よかった内容だけを書くわけではありません。全体に対する注意点もあえて書きます。不適切な行動を改め，学級がこうなってほしいという願いを込め「ツン」とくる内容も適度に書きます。しかし，強すぎると誰も食べません。

「大葉」は刺身を引き立てる

　枠，スタイル，レイアウトに関係しますが，通信に挿入する画像の処理に気をつけます。メラビアンの法則から考えても，写真1枚が及ぼす視覚的な影響は大きいと考えます。お刺身に添える大葉やツマのありなしで印象が変わるように，通信の内容も伝わり方が変わるからです。

　右の写真は，テスト後の時間に，子どもたちが自分の課題に合わせて学習している様子です。漢字スキルや計算ドリル，読書や自主勉強をしています。

A　　　　　　　　B

　この写真のままでは，伝えたい情報がいくつも存在します。このままでは焦点化できないのです。例えば，左手前の男の子（A）に焦点化すれば，「一人で黙々と学習を進めた」という切り取り方になります。右の窓際の二人組（B）に焦点化すれば，「互いに教え合いながら学習に取り組んだ」という切り取り方になります。文章も具体的になります。

　テスト後，一人で黙々と学習を進めていました。すばらしい集中力でした。

A

　テスト後，互いに教え合いながら学習を進めていました。こうした姿に温かさを感じます。

B

もし，もとの形式で写真を使うのであれば，「個々がそれぞれの課題に応じて時間を有効に使っていました」となるはずです。しかし，１枚の写真でも，複数の意味づけ・価値づけができます。写真の焦点化によって，本文をより具体的に引き立てることができるのです。

　焦点化して使うことを考えると，「写真は縦横の比が３：４程度」というイメージを崩す必要もあります。デジカメで普通に撮影した，一般的な長方形のままでなくてもよいということです。あくまで，写真は通信の内容を補助するためのものです。「ねらって撮る」ことは大切ですが，通信に挿入する際は必要に応じて様々な形にトリミングすると効果的です。

　右の写真のように，掃除でモップがけをしている様子は，「縦長」の方が引き立ちます。責任をもって当番活動に取り組んでいる姿に焦点化できます。廊下の奥行きもイメージして切り取ります。

　下の写真の場合は，全体を前から撮っています。教室の上下をカットすることで掲示物が消え，子どもたちに焦点化されます。読み手に臨場感を与えることができます。

　このように，そのシーンをどう切り取るかによって，通信における視覚的効果が大きく変わります。

　もし余力があれば，画像編集の際に「明るさ」や「コントラスト」も適度に調整します。基本，全て白黒印刷です。どれだけ素敵なシーンでも，暗い

写真は黒く印刷されます。視覚的に情報を伝えるためにも，明るくはっきりした写真にすべきです。55ページで「グレースケール」の話題を出しました。どの程度の明るさがちょうどよいか，試してみてください。

文章は「お刺身5ステップ」で書く

　実際に文章を書くときは，基本的な5つのステップで書きます。5ステップでひとまとまりの原稿になると考えてください。写真が多く，文章量が少ない場合は，そのステップを削って書きます。ステップと文例を紹介します。

ステップ1（ネタ）　　：いつ，何があったかを書く
ステップ2（ネタ2）：どんな活動をしたかを書く　　　　場合によって
ステップ3（醤油）　：担任として感じたことを書く　　　4ステップ
ステップ4（わさび）：今後の期待を書く　　　　　　　　にもなる
ステップ5（大葉）　：写真があれば添える

「隙間時間」を見つけて学習中！（見出し）

ステップ1（ネタ）
　昨日の4校時，算数のテストを提出した後に黙々と計算ドリルに取り組んでいる子がいました。
ステップ2（ネタ2）
　あえて自分の苦手なページを開き，真剣な表情で問題に向き合っていました。
ステップ3（醤油）
　テスト直後だというのに，すぐ学習にとりかかるスピード感が立派です。また，苦手な単元に取り組もうとする前向きな姿勢に感心しました。

ステップ5（大葉）

ステップ4（わさび）
　多くの子に，このような時間の使い方を学び，見習ってほしいです。たった10分の学習も6回やれば1時間です。その感覚を大切にしていきたいです。

「挨拶文」や「導入文」を活用する

　写真の有無や文章構成によって，本文のスペースが確保できなくなる場合，一文目から事実を書くことがあります。「いきなり書き出す」ということです。しかし，第１号の発行や長期休業明けなどの通信では，挨拶文や導入文を書いて，ワンクッション入れるようにします。節目となる通信では，必ず挨拶文や導入文を活用し，本文へスムーズに入る準備をします。

　私は昨年度から，Ｂ４の学級通信を週１回発行しています。スペースは多いのですが，１週間という時間もあります。なるべく導入文を書くようにし，季節感や近況報告などを意識して伝えています。

　事実文（ネタ）や願い（醤油・わさび）に加え，温かい「お茶」のような役割を果たしていると考えています。以下，実際に発行した過去の通信から，挨拶文や導入文を抜粋して紹介します。

・桜の花も満開を迎え，いよいよ令和二年度も春を実感する季節となりました。保護者のみなさまには，日頃より学級に対するご理解ご協力をいただき，本当に感謝しております。ありがとうございます。

・５月半ばを迎えました。６年生になり，登校日数は25日目を終えました。最近，男女関係なく一緒に鬼ごっこをしたり，バスケットボールをしたりする子が増え，なんだか心が温かくなるシーンに出会う機会が多くなってきました。

・６年生40日目を迎え，いよいよ１学期も折り返しです。子どもたちも「中盤」を迎えています。こうした時期，「中だるみ」という言葉が使われることがあります。「失速する」「勢いが弱まる」といった意味です。

・６年生60日目を迎えました。連日の雨でじめじめとした毎日が続いています。外遊びもできず，体育館で遊べば汗だくになり，蒸し暑さをどのように回避するか考える毎日です。

- 今日の午後から，26日間の夏休みが始まります。１学期73日間，本当にありがとうございました。個別面談では，「初めまして」の方が多かったのですが，気さくに笑顔で話してくださったので，私もリラックスして話すことができました。重ねて，ありがとうございました。
- ２学期がスタートして２週間が経ちます。この子たちと出会って，83日が経過しました。気がつけば朝晩の肌寒さを感じるようになり，教室を吹き抜ける風が爽やかに色づく季節になりました。
- 花巻祭りが終わりました。初めて花巻祭りに参加させていただきました。まさか，神輿をかついで参加するとは夢にも思っていませんでした。若葉小に着任したからこそ，こうした経験をさせていただけたのだと思い，幸せに感じました。
- あっという間に11月が終わってしまいました。来週から12月です。「師走」に入ります。忙しいといわれる季節です。体調に十分留意し，穏やかな年末年始を迎えたいものです。
- １月が終わり，いよいよ来週から２月に入ります。２月の登校日数は18日間です。２月は，授業参観に始まり，委員会活動の引き継ぎがあるほか，メインイベントとして「６年生を送る会」があります。（６年生は「送られる会」ですが……）
- ２月も後半に入り，学級通信を出すのもあと何回だろう……と考えながら書いています。週に１枚の通信も22号になりました。やはり「一気に大きなことはできない。小さなことをやり続ける先にのみ，大きなことが待っている」と感じています。野球界で有名なイチロー選手も，「小さいことを積み重ねるのが，とんでもないところへ行くただひとつの道だと思っています」という言葉を残しています。
- いよいよ３月に入ろうかという２月末，あなた方に下された決断は「休校」でした。突然の報告に，なかなか現実を受け入れられないまま給食を食べ，荷物をまとめて下校していきました。あれからもう，４週間が経とうとしています。

「文章力」が味を決める

　鮮度のよい「ネタ」を，適度な「醤油」で引き立て，「わさび」で締める。また，大葉を添えて視覚的に美しく仕上げると，学級通信としての「見た目」は完成します。

　しかし，ネタへの「包丁の入れ方」がうまくなければ，どれだけ新鮮でも口当たりの質が下がるでしょう。それは，学級通信でいえば「文章力」のことです。

　どう事実を伝えるか。教師が感じたことや今後の期待をどのように表現するか。それらは，単純に「5ステップ」で書けばクリアできるということではありません。同じ事実でも，「書き手」の手の加え方で通信の内容が変わるからです。

　ある子のお父さんから，卒業式前に手紙をいただいたことがありました。口数が少なく，（失礼ですが）わりと頑固な方で，先生によっては「怖さ」を感じる方でした。そのお父さんは，「先生のお手紙で，子どもの成長がよくわかりました。ありがとうございました」と書いてくれていました。伝わっていたのだと安心し，嬉しく思いました。

　小さなドラマを意味づけし，価値づけるからこそ，子どもたちの何気ない行為の一つ一つが成長につながります。そうした教育的瞬間を見逃さない教師でありたいです。教室には大小かかわらず，いつでも新鮮なネタがあります（あるはずだと思っています）。だからこそ私は，どんな素材であってもおいしく仕上げられる料理人になりたいと考えます。

　これからも，学級通信を通して子どもたちの成長を言語化し，温かく伝えるための文章力を身につけていきたいと思います。2年目に抱いた感情は，今でも私が学級通信を書き続ける原動力になっています。

Chapter 3

学級通信の実際と解説

出会いの春

　春，「学級通信を出そう」と意気込んだ方は少なくないと感じます。私自身，新しい出会い，新しい教室，新しい自分に，１年の決意表明をするような気持ちで春の学級通信を書いてきました。

　学校に勤めていると，四季の中で「春」が一番短く感じます。３月の別れを挟んでいるからか，他の季節よりも早く過ぎ去ってしまうように感じます。

　だからこそ，春に発行する学級通信は，１年の中で最も重要な位置づけになるのです。
　自己紹介をはじめ，どんな教室にしていきたいか，どんな子どもたちに育ってほしいかなど，担任としての「願い」や「覚悟」のようなものを，短期間のうちに保護者に示すことになるからです。

　内容は，「事実」を中心とした記事にします。時と場合によりますが，深堀りしすぎたり，思いばかりが先行したりする通信は，春から発行するのは早すぎます。子どもたちがどんな活動をしていたか，よりシンプルな形で伝えていくとよいでしょう。
　「読んでわかる」よりも，「見てわかる」通信を心がけ，保護者の方々が「手にしてみよう」と思える通信にすることが大切です。

　春の通信は，通信を通して担任と保護者がつながることを第一に考えて発行してみましょう。

力量形成の視点から考える場合，自分に合ったペースを探すようにもします。発行頻度は毎日か，週1か。サイズはＡ4か，Ｂ4かなど，自分自身や学年の先生と相談しながら決めます。

　大切にしている心構えは，「1年間継続する」という地道さです。1年間で何号発行したいか見通しをもち，担任として観察力や文章力などの「力をつけるためのアウトプットの場」にするよう心がけます。思いつきで闇雲に発行するのではなく，3月の最終号をどのような形で発行したいかというイメージをもつようにします。

　春は，学年主任や管理職の先生に「1年間ご指導よろしくお願いします」とあらかじめご挨拶しておきましょう。学級通信の発行は，担任が決めます。学年主任や管理職の先生は，「学級通信に目を通す時間をつくり」見てくださいます。その責任の一端を担ってくださるのです。
　つまり，いかにミスを減らした形で起案できるかが問われます。未熟さによる文章の添削は仕方がないにせよ，誤字脱字レベルは自分で管理して書きたいものです。その積み重ねが，少しずつ自分自身を鍛えることになっていきます。

　春という短い期間の中で，子どもたちのよさに目を向けていきます。ほめ，認め，励ます内容にすることで，子どもたちとの関係が築かれます。また，そうした事実を丁寧に発信することで，保護者に対して学校の様子をお伝えすることもできます。学年主任や管理職の先生との信頼関係も生まれます。そうした地道な取り組みが，担任としての力量形成につながるのです。

アクティブ
～子どもたちの輝く姿～

波岡小学校
第6学年2組
学級便り第1号
H28年4月6日

■1年間よろしくお願いいたします

皆様、はじめまして。今年度6年2組の担任となりました、**古舘良純（ふるだて・よしずみ）**と申します。今年度で波岡小学校4年目を迎えました。

出身は岩手県久慈市という所で、数年前の朝の連続ドラマ「あまちゃん」で有名になりました。なお、東日本大震災でも被災していますが、実家は無事です。復興は進んでいますが、海沿いの地域はまだまだ震災の爪あとが残っています。

┌─────────────────┐
～プロフィール～
★しし座（8月20日生まれ）
★身長181cm・体重72kg
★左利き・血液型O型
★サッカー・フットサル・マラソン
└─────────────────┘

■学級便りタイトルへの思い

『アクティブ ～子どもたちの輝く姿～』を通して、普段の学校生活の中で輝く子供たちの素晴らしい姿をお伝えしたいと考えました。是非ご家庭でも、子供たちの姿を認め、励ましていただければと思います。

アクティブとは「能動的・積極的・活動的・活発…」など、たくさんの意味があります。そんな一生懸命な子供たちの姿は輝いていると思います。この1年間、学校生活における様々な活動場面で、子供たちがより一層輝くように指導していきたいと思っています。そうした姿を、お便りを通してご家庭へ届けたいと考えています。

■大きな可能性

私はこの子たちが3年生の時に着任しました。それから3年間見てきましたが、「大きな可能性を秘めている」と感じています。学力や運動能力はもちろん、チームとして成熟していく可能性です。そして何より、それぞれが自分らしさを発揮していく可能性です。まだまだ子供たちは伸びる、成長すると信じています。その可能性を大いに引き出していけるように頑張りたいと思います。

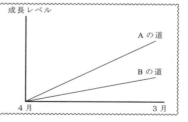

6年2組のみなさんへ

みなさんに残された時間は1年間です。しかし、登校日数は200日もありません。この200日をどう過ごしていくか、まだ具体的なイメージはないかもしれませんね。

でも、最初で最後の6年生です。先生も一緒にみなさんと成長していきたいと思います。1年間頑張りましょう。

成長レベル

Aの道

Bの道

4月　　　　　　　　3月

＊ AIAYA『PARADISE』を聴きながら

保護者への挨拶，タイトルへの思い，担任としての思い，子どもたちへのメッセージという構成で書いています。シンプルな構成で書くようにしています。

∪NITY

富 津 小 学 校
第 4 学 年 1 組
学級便り　第1号
H21年4月6日

進級おめでとうございます！

　子どもたちは今日から、4年生として学校生活をスタートさせました。不安な気持ちがあったり、期待に胸を膨らませたりと、一人一人が様々な思いをもって学校生活を過ごしたのではないかと考えています。

　今年は、子どもたちも10才を迎える節目の年となり、上学年の仲間入りとなりました。子どもたちには「協力」をテーマに、これから訪れる様々な活動や行事に取り組んでほしいと考えています。

　保護者の皆様には、何かとご心配ご迷惑をおかけすることと思います。担任として22名の子どもたちの成長のために、精一杯努力を重ね、力を注いでいこうと考えています。

　今年度、4年1組22名の担任になることができ、とても幸せな気持ちです。1年間という限られた期間ですが、どうぞよろしくお願い致します。

学級便りの名前について・・・

　4年生といえば、秋に富津小学校代表として参加する「音楽の集い」があります。今年度は、その音楽の集いにちなんで、学年便りの名前を「ハーモニー」に、また4年2組の学級便りは「歌音（カノン）」になっています。

　学級便りの「UNITY（ユニティ）」は「調和・統一」という意味があり、先に書いた「協力」と関係する部分があります。子どもたち全員が、目標に向かって一生懸命に活動し、お互いがそれぞれのよさを発揮しながら学校生活を送ることができるように…という意味をこめて、名前を考えました。

　学級便りは、できる限り子どもたちの様子が分かるように、たくさん発行したいと考えています。どうぞお楽しみに。

～自己紹介～

名　前	：	古舘　良純（フルダテ　ヨシズミ）
出身地	：	岩手県久慈市（青森まで車で1時間）
自　宅	：	木更津市内（車で約30～40分）
趣　味	：	スポーツ系（フルマラソンに挑戦したい！）
専　門	：	体育（柔軟性を取り戻したい！）
給　食	：	キムチご飯（出会う前はカレーでした）
性　格	：	O型・左利き・しし座・猪年
言　葉	：	「朝は希望で起き、昼は努力に生き、夜は感謝で眠る。」
目　標	：	皆勤賞！（昨年度体調不良で休んでしまったので）
挨　拶	：	「22人を大好きになって、22人と成長できる一年にしたいです！どうぞよろしくお願いします！」

学級通信を本格的に出した2年目の年の第1号です。イラストを左右に振り分け，1記事1イラストで構成しています。人間のイラストは「古舘の分身」と伝えていました。

■ 教室にあふれさせたい言葉
　教室から無くしたい言葉

子どもたちと、「言葉」について考えました。あふれさせたい言葉一位は「ありがとう」で、無くしたい言葉で多かったのは「死ね」でした。

教室に「ありがとう」があふれる行動を増やし、「無くしたい言葉」を徹底して無くしたいと思います。言葉が変われば考え方がプラスに向かいます。未来の自分は言葉がつくります。

■ 視野を広げて動く

六年生になり、一年生の手伝いや、校舎の朝清掃など、常時活動が展開されています。また、入学式では会場準備をしたり、委員会ではリーダーシップをとったりするなど、何かと「六年生」としての動きが多くなっています。

そんな中、児童総会の議案書を丁合する作業がありました。約半数の子が会議室に集まり、作業に協力してくれました。

手伝いも、朝清掃も、丁合作業も、その全てが「自分の時間」を「他者のため」に使うことです。そして、遊びたい気持ちを抑えて誰かのためにした行為が、「六年生」としての目指すべき姿を日々つくりあげることにつながります。

目先のことだけではなく、視野を広げてものを見て、考え、動ける人になりたいものです。

そうした行動への素晴らしい一歩を踏み出せていると感じました。

■ 三週間を終えて

子どもたちの持っている力や、もっと伸ばしたい所、直さないといけない部分や改善点が見えてきました。

個人のこととして、関係性をつくる意味で「相手意識」がもっと必要です。集団のこととしては、一体感を生む意味で「目的意識」の視点が必要だと感じました。

それでも、日を追うごとに高まる授業への姿勢や、当たり前を当たり前にしていく声かけなど、頼もしさを感じることも多々ありました。

この三週間、とても楽しく過ごすことができました。これからも、一年後を見据えて一人一人と向き合い、子どもたちを信じ抜きたいと思っています。

2つ前のアクティブ第1号と同じような内容構成ですが，「Ｂ４判６段構成型」でボリュームがあります。後半，写真を交えながら文章量を減らし読みやすくしています。（52ページ参照）

令和二年度　花巻市立若葉小学校　六年一組　学級通信　第一号　令和二年四月二十一日　文責：古舘良純

ダンデライオン ～一面に咲くタンポポの花～

桜の花も満開を迎え、いよいよ令和二年度も春を実感する季節となりました。保護者の皆様には、日頃より学級に対するご理解ご協力をいただき、本当に感謝しております。ありがとうございます。

改めまして、今年度六年一組の担任になりました古舘良純（ふるだて・よしずみ）です。一間よろしくお願い致します。

久慈市出身のイノシシ年で今年三七歳になります。体を動かすこと、とにかく学ぶことが好きです。しかしここ一年ひどい腰痛に悩んでおり、日常生活に影響が出ることもしばしば……。気合いと根性で乗り切れる歳でもなくなってきたので、きちんと向き合おうと考えています。

以前は千葉県で十数年勤務していました。高学年を担任することが多く、六年生は「五年連続九回目」となりました。しかし、毎年出会う子

若葉小学校に赴任して二年目になりました。

どもたちとつくりあげる一年は、唯一無二の大切な思い出になります。きっと、この六年一組での一年間も、何にも変え難い宝物になるでしょう。

不安定な社会状況で、学校現場も目まぐるしく状況が変化する毎日です。行事の見直しや変更など、我々教職員も見通しが持ちにくい…というのが現状です。

それ以上に、子どもたちや保護者の皆さんも心配や不安があることと思います。ぜひ、限られた中で何ができるのか、何が子どもたちにとって良いことかを考え、手を取り合っていただけたら幸いです。よろしくお願い致します。

■タイトルの意味と込めた願い

六学年スローガンは「希望～自分を信じて～」です。イメージカラーは「黄色」になります。

その色から連想したものが「タンポポ」でした。

そのまま使うと低学年っぽくなると感じました（笑）。そこで、英語に変換し「ダンデライオン」にしました。

また、二十六人が教室で咲き誇って欲しいと願い、サブタイトルとして「～一面に咲くタンポポの花～」をつけ加えました。

タンポポは、風に負けぬよう、葉を地面に這わせます。根は太く、深く張ります。茎は長く、しなやかで、綿毛を遠くへ飛ばそうと風に耐え抜きます。誰に水をもらうでもなく、懸命に咲き続けます。そして、老若男女に知られ、愛される花です。

子どもたちも、自分の心の芯を太くもっことを大切にしてほしいと考えました。自分自身を高く伸ばしてほしいと考えました。そして、三月には小学校を立派に巣立ってほしいと願い、このタイトルにしました。

3-1ファミリー！

小学校3年1組
学級だよりNO.1
令和2年5月7日
担任　小野　貴仁

■1年間よろしくお願いいたします

　皆様、はじめまして。今年度3年1組の担任となりました、小野貴仁（おのたかひと）と申します。今年度で教師になって7年目になり、小学校2年目を迎えました。3年生は2回目の担任となります。子どもたちが「楽しかった！」「たくさん成長できた！」と思える1年になるよう全力で頑張ります。

~　プロフィール　~
☆誕生日　3月5日生まれ
☆出身　市川市
☆趣味　サッカー、ダイビング
☆家族　関西弁のやさしい妻
　　　　8ヶ月のやんちゃな息子

ディズニーが大好きです！

■学級便りの名前への思い

　子どもたち一人ひとりが成長するためには学級が楽しく、安心できる居場所であることが必要だと考えています。3年1組が解散する1年後に「3年1組はファミリーだよね！」と28人全員が心から言い合える仲になってほしいという願いを込めて学級通信のタイトルを「3-1ファミリー！」にしました。「3-1ファミリー！」が合言葉になるような学級を1年かけてつくっていきます。よろしくお願いします。

■3つの約束（いじめ・いのち・けじめ）

　居心地の良い居場所、固い絆で結ばれた家族（＝ファミリー）のような学級を目指します。そのために3つの約束を心がけて欲しいと思っています。
①いじめ：友だちが傷ついたり嫌がったりするような行為はしない。
　友だちの良いところを認め合い、あたたかい言葉や思いやりのある行為で溢れて欲しいと願っています。
②いのち：命の危険に関わるようなことはしない。
　安心して過ごせる居場所であるためにもけがにつながるような危険な行動が見られればすぐに指導します。親から授かった**大切な命を大事にできる人**になって欲しいです。
③けじめ：遊ぶときは遊び、学ぶときは学ぶ
　時間を守る。間違ったときは素直に謝る。集中するときは静かにする。遊ぶときは思いっきり遊ぶ。そんなメリハリを大事にして欲しいです。

■保護者の皆様へ

　子どもたちの様子をより分かりやすくお伝えできるように、学級だよりに子どもたちの活動の様子の写真を、載せたいと考えています。我が子の写真は載せてほしくないという方がいましたら、お知らせ下さい。よろしくお願いいたします。

菊池道場でともに学んでいる小野貴仁先生から提供していただいた学級通信です。3つの約束については，春に子どもたちに伝え，様々な場面で伝えているそうです。

若竹の如く

平成３０年４月６日（金）

No. 2

○○市立○○小学校　６学年

若竹の如くとは

　　平成３０年度の学年便りのタイトルは「若竹の如（ごと）く」にしました。第１号を配られた時には「なんだこのタイトルは！」と思ったのではないでしょうか。

　　今回はこの学年便りのタイトルの意味について紹介します。

　　そもそも、みなさんは「若竹」とはなにか知っていますか。

　　若竹とはその年に生えた新しい竹のことを言います。

　　竹はとっても成長が早いです。伸びるときには１日１ｍ以上伸びることもあるそうです。さらに竹は曲がることなく、まっすぐ空へと伸びていきます。

　　私がこのタイトルに込めた願いは

竹のようにまっすぐ素直に大きく成長してほしい

という願いです。

　　みなさんは竹のように早く一気に伸びるのは、なかなかできないと思います。たとえ成長する速さはゆっくりでも、この１年間で大きく成長してほしいと思っています。

　　そのような願いからこの「若竹の如く」というタイトルをつけました。

　　昨年度も大きく成長できたみなさんが、この１年間でさらにどのくらい伸びていくのかが今からとっても楽しみです。

お知らせとお願い

・家庭調査票と引き渡しカードを配布しました。変更がありましたら記入の上、○○日までに提出をお願いします。

・○○日から陸上の練習が始まります。本日、承諾書を配布しました。期間が短くて申し訳ありませんが○○日までに提出をお願いします。

　練習時間が７：３０と朝早い時間からの活動となります。ご家庭での子どもたちの体調管理をお願いいたします。

・○○日から給食が始まります。ランチマット、箸を持たせてください。また、食事後、歯磨きを行いますので、歯磨きセットの準備もお願いします。

菊池道場でともに学んでいる菅野雄太先生から提供していただいた通信です。通信のタイトル説明を加えています。連絡の字体が明朝体で字体で読み分けができます。（47ページ参照）

生き生き夏

　学級通信における「夏」は，２種類あると考えています。６・７月の夏休み前と，８・９月の夏休み後です。夏休みを挟む前後に分けられています。一くくりに「夏」といっても，「１学期の夏」と「２学期の夏」では，子どもたちの育ちや保護者との関係性も変わってきます。内容や伝え方を考えるようにしていきます。

　夏休み前，「１学期の夏」の通信は，春からの連続性を考えて発行します。子どもたちの活動の事実を伝えるようにしますが，同時に，そこにどんな「ドラマ」や「ストーリー」があったのかも加えるようにしていきます。子どもたちの実態を受け止め，教室での見取りが蓄積されてきた頃だから書くことのできる内容です。

　１学期の後半，夏休みに向けてカウントダウンが始まる時期は，春に見つけることのできなかった子どもたちの頑張りや，一歩踏み出そうとする勇気が見えるようになります。そうした子どもたちを鼓舞するような側面をもたせるのです。

　夏休み後，「２学期の夏」の通信は，リスタートのつもりで発行します。子どもたちの活動の事実はもちろん，写真もたくさん載せられたらよいと考えています。余談ですが，子どもたちの夏の服装は，赤や黄色などの明るい色が多いです。白黒の通信でも写真が映えるように感じます。

２学期前半，いよいよ１年の折り返しに向かおうとする時期は，子どもたちの顔つきが変わってきます。運動会を迎えたり，校外学習や修学旅行などの行事を見据えたりして，その学年らしい活動が目白押しになっていくからです。そうした瞬間を逃さないように捉え，伝えていきたいと考えています。

　夏の通信に対する思いは，１学期と２学期で大きく変わります。個人面談を通して，保護者の願いを聞くからです。春の家庭訪問とは違った，踏み込んだ話をした後だからです。

　通信を書くとき，写真を選ぶとき，子どもたちを思い浮かべると同時に，読み手である保護者のことも考えます。保護者の気持ちにも寄り添って書こうと考えています。

　力量形成の視点で考える場合，「他者を意識する」ことが挙げられるでしょう。自分の思いばかりを中心に伝えていた学級通信から，子どもを支える視点で文章を練ったり，保護者の思いを受け止めたりする共感的な内容にしていきます。

　また，自分の教育観を形成していくようにします。通信の内容が「事実の羅列」に終始しないよう，その根底にはどのような願いがあるのかを明確にして書くようにします。自分の思いを自分の言葉で文章化したとき，教師自身が学級通信を通して成長していくと考えています。

　夏は，子どもも教師も，大きく伸びていける時期です。お互いの思いや願いを，「学級通信」を通して共有していく時期なのです。

■一学期中に身につけたい「傾聴力」

どうすることが、話の聞き方としてふさわしいのでしょうか。ビジネス書を読むと、「あいづちの『さしすせそ』」などが推奨されています。

さ…さすが！
し…知らなかった！
す…すごい！　せ…センスいいですね！
そ…そうなんですね！（超一流の雑談力』より）

確かに大切な視点ではありますが、あくまでビジネス書であり、大人のための自己啓発的な内容です。

教室では、写真のように、話し手を見ることを大切にしています。もっと言えば、「口元」を見るということです。

口元を見ながら聞けば、「話し終わり」がわかります。多少声が小さくても、「読唇術的」に聞くこともできます。

何より、話し手に緊張感を与えるので、話し手にピリッとした空気をつくる

とができます。こうしたことを、「良い聞き手が、良い話し手をつくる」と話しています。

「聞いてくれません」「聞こえません」ではなく、「聞こうとする」「聞かせようとする」関係をつくっていきたいです。

傾聴の基礎として、

① 身体を向ける
② 足裏をつける
③ 背筋を伸ばす
④ 手に何も持たない
⑤ 顔を上げる
⑥ 口を閉じる（舌を上顎に軽くつける）
⑦ 視線を相手の口元に向ける
⑧ 唇を読むように聞く
⑨ 復唱できるように聞く
⑩ 途中で話を挟まない
⑪ 話終わりに拍手ができる

ことが挙げられます。
お互いに話を聞き合える学級になると、もっと良い集団になっていくと考えています。

■「なかよし」を目指して

児童会の取り組みである「みんななかよし若葉の子」について考えました。子どもたちは、休み時間になると、男女関係なく鬼ごっこをしたり、バスケットボールをしたりしています。

先日は、ドッジボールをみんなでやっていまし

た。とても温かい気持ちになり、思わずベランダから校庭を見て写真に撮りました。（下写真）

「どうしてこんなに仲良く遊べるようになったと思う？」と問いました。すると、「質問タイムでお互いを知ることができたから」「ほめ言葉のシャワーでお互いの良いところをほめ合えるようになったから」など、二ヶ月間の成長を示すような考えが出ました。

実際、まだトラブルや課題が無くなったわけではありません。しかし、六年一組は確実に成長し続けています。

子どもたちの活動の様子を伝えるとともに，「傾聴する姿勢」についての具体例をまとめています。箇条書きにすることでポイントを明確にし，子どもたちと共有できます。

ダンデライオン

～一面に咲くタンポポの花～

　もう、エアコン無しでは耐えられない…。そんな気温になってきました。湿気もあり、熱中症にも気をつけなければならないと感じます。

　学校では、卒業アルバムの写真撮影がスタートしました。「まだ六月なのにもう卒業か」と思うと、五年連続の卒業生担任とはいえ、寂しさがこみ上げてきます。

　学級写真は、下の写真のように「若葉山」で撮りました。若葉山の緑と、雲一つない青空がとても気持ち良かったです（撮影後の斜面からの滑り落ちは余計でしたが…笑）。

　まだ実感はないかもしれませんが、子どもたちにとって「一生モノ」になる卒業アルバムです。たくさんの思い出を詰め込んでほしいと思います。個人写真、クラブ写真、委員会写真、スナップ…。さらに、今後の行事も入ってきます。卒業は寂しいけれど、アルバムは楽しみです。素敵な一冊になりますように…。

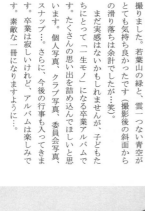

■体力テストが行われています

　小学校生活最後の体力テストが行われています。記録の良し悪しよりも、一人一人の真剣な取り組みが嬉しいです。「二人が美しい」で

UNITY

富 津 小 学 校
第 4 学 年 1 組
学級便り　第55号
H21年7月8日

短冊に、願いを込めて…

先日は七夕でした。子どもたちに短冊を配り、願いことを書かせました。

また、工夫して短冊をつくり、笹をきれいに装飾することができました。

今日は、子どもたちの「願い」を紹介します。

☆	さん	「犬が健康で、長生きしますように。」
★	さん	「もっと足が速くなりますように。」
☆	さん	「逆上がりと二重跳びができますように。」
★	さん	「野球を頑張って、プロ野球選手になりたい。」
☆	さん	「体操大会のマットで優勝できますように。」
★	さん	「走るのが速くなりたい。」
☆	さん	「足が速くなりたい。」
★	さん	「お菓子をつくるのがうまくなりたい。」
☆	さん	「もっともっと足が速くなりますように。」
★	さん	「足がもっと速くなりますように。」
☆	さん	「足が速くなりますように。」
★	さん	「字がうまくなりますように。」
☆	さん	「デザイナーになれますように。」
★	さん	「クラスで一番足が速くなりたい。」
☆	さん	「少し大きな鉄棒で逆上がりができますように。」
★	さん	「足がもっと速くなりますように」
☆	さん	「バレーボールがうまくなりたい。」
★	さん	「家族がいつも健康でいられますように。」
☆	さん	「足が速くなりますように。」
★	さん	「足が速くなりますように。みんなと協力したい。」
☆	さん	「お金持ちになれますように。」
★	さん	「逆上がりができるようになりたい。」

「ザ・七夕通信」です。本物の竹を同僚の先生からいただき，教室に飾っていました。集合写真と，一人一人の願いを記載すれば完成です。

アクティブ
～子どもたちの輝く姿～

波岡小学校
第6学年2組
学級便り第39号
H28年7月20日

■1学期、70日間終了

　1年間の登校日数、約200日に対して70日が過ぎました。子供たちからは、「早かった」「え、もう夏休み？」といった声が聞こえてきました。

　振り返ってみると、たくさんの成長場面がありました。運動会をはじめとした非日常的な行事、日々の学習（話し合い活動・教え合い・助け合い）の積み重ね、朝の質問タイム、成長ノート、ほめ言葉のシャワーなどです。

　これらの活動は単独で存在するものではなく、相互に関わり合い、プラスの作用を働かせてきました。特に、成長ノートに関していえば、子供たちが自分自身の内側と向き合えるようになり、素直な言葉が紡がれるようになりました。表向きだけでは見えない部分だと思います。本当に価値のあるノートになっていると感じました。保護者の方々へは、負担になる部分があったかと思いますが、毎回ご協力いただき、本当にありがとうございました。

　子供たちは、個々の良さを生かし、それぞれのペースで、その子なりに成長します。そしてどの子も、1年間をかけて成長します。1学期は70日でした。この70日の成長度合いはそれぞれ違いますが、どの子も成長したことは間違いありません。その事実、その成長を喜びたいと考えています。

↑教室後方の掲示物「成長年表」

■お楽しみ会

　昨日、お楽しみ会がありました。「本当に大切なものは何か？」というメッセージをもつ劇、「1学期の成長」をテーマにした振り返りの劇、曲とリズムに合わせて動きを合わせる「CUPS（カップス）」や「ダンス」など、多岐にわたる内容で楽しい時間を過ごしました。

　少ない準備時間のなかで、よくここまで仕上げたものだと感心しました。しかし、子供たちからは反省も出ていました。「もっと練習時間があれば・・・」「見ている人の態度が・・・」などです。やはり、物事に真剣に取り組んでいるからこその課題意識だと考えます。何となくやって、何となく楽しかったということではなく、更なる向上心をもった声だと感じました。

　2学期のお楽しみ会がどのような形で行われるか楽しみです。子供たちの企画力と運営力を育てていきたいと思いました。

＊森山直太朗『若者たち』を聴きながら＊

　菊池省三先生の実践である「成長年表」を通信の中心に位置づけ，1学期の成長をまとめています。2学期以降への期待も込めて書いています。

はじめの一歩
～リセット・リスタート・チャレンジ～

波岡小学校
第6学年2組
学級便り第19号
H29年6月6日

■プール掃除をしました

　天気に恵まれ、プール清掃を実施できました。毎年6年生が実施してくれているプール掃除。今年はこの子たちがやってくれました。例年と比べるわけではないのですが、とてもきれいになったように感じました。それは、一人ひとりが自分のすべきことに一生懸命になっていたからだと考えています。

　水に入ってもふざけることなく作業を黙々と続けた子。友達と群れずに仕事を協力してやった子。プールの中に入れなくても、自分のできることを探してやってくれた子。みんなが働きやすくなるように色々と準備を手伝ってくれた子。最後の最後まで気を抜かずに細部にこだわって作業した子。そういった立派な「個」の集まりが、大きな力を生んだのだと感じています。今年も気持ちよくプールに入れるなあ…と思えた時間でした。

　保護者の皆様には、プール清掃に関わり様々な準備をしていただきました。ありがとうございました。ペットボトルのご協力もありがとうございます。

　「プール清掃」行事の報告通信です。活動の様子を大きく載せています。文章で説明するよりも，シンプルでわかりやすい内容になったと感じます。「見せる通信」です。

若竹の如く

平成３０年７月１３日（金）No.４７
○○市立○○小学校　６学年
〜有終の美を飾る９人の６年生〜

着衣泳を行いました

　７月５日（木）に着衣泳を行いました。万が一、服を着たまま水の中に落ちてしまった場合の対処の仕方を学びました。今年は千葉県赤十字社水泳奉仕団の方々を講師に招き、子どもたちに指導をしていただきました。

　今回の着衣泳では大切なことをいくつか学びました。

　１つ目は溺れている人がいたときの対処の仕方です。溺れている人がいたら、近くにある浮くものを投げるという方法です。今回はペットボトルとランドセルで実演をしました。

　私はランドセルで浮くのを体験させてもらいました。沈んでしまうのかと思ったら、思っていた以上に安定感があり、長時間浮くことができると感じました。後から教えていただいたのですが、ランドセルの中身は空っぽより教科書がたくさん入っている方が良いそうです。（教科書の紙と紙の間に空気が入り浮きやすくなるそうです）

　実際に、溺れている人が近くにいたとき冷静な対応で助かった事例もあったというお話も聞かせていただくことができました。

　２つ目は実際に水に落ちた時にどのように浮けばよいかを体験しました。ペットボトルを使い、あごの下やお腹に置いて浮く練習をしました。初めは力を上手に抜くことができなかったり、鼻や口から水が入ったりしてうまくできない様子もありましたが、練習を重ねていくうちに上手に浮くことができるようになりました。

　学区は水辺の多い地域です。また、夏休みに川や海などに出かけることも多いと思います。あってはならないことですが、転落して溺れてしまうというのは、実際に起こりうる水辺の事故の１つです。

　今回の学びはいざという時の大切な学びです。よい機会をいただくことができて良かったと思います。

　着衣泳はどうでしたか。みなさんはとても上手に浮くことができていたと思います。さすが６年生だと感じました。もうすぐ夏休み。楽しいことも多い夏休みですが、毎年のように海や川、プールで悲しい事故が起きたというニュースを目にします。そういうことがないようにしたいですね。いざという時のために今回の学びはとても大切ですが、一番良いのは学んだことを使わなくて済むことだと思います。今回のお話をぜひ心にとめておいてほしいです。

　担任のつぶやき：小学生の時、自転車ごと池に落ちたことがあります。

菊池道場でともに学んでいる菅野雄太先生から提供していただいた学級通信です。着衣泳実施の報告通信です。子どもたちに対する最後の「つぶやき」が一番の指導になっています。

実りの秋

　高学年の担任が多いせいか，秋の運動会や修学旅行を境に，夏の終わりを感じます。そして，9月後半になり，残暑の厳しさを感じなくなってきたら，秋だな……と感じます。

　ここ数年，学級通信の書き出しでも季節感を出すように工夫しています。「朝，窓から入ってくる風が涼しく感じるようになってきました」などの表現で書き始め，夏から秋への変わり目を意識して書くようにしています。

　また，自治体や地域，学校によると思いますが，秋は各行事に加え，「〇〇作品展」や「〇〇文化祭」など，コンクールや地域イベントへの参加の機会が増えます。

　教室だけで完結していた学習が，外へ発信される時期です。もちろん，働き方改革やカリキュラム・マネジメントの視点からの出品に関する精選は必要だと考えます。しかし，見通しをもって適切に取り組み，発信していくことは，子どもたちにとってはよいことです。

　音楽祭や学習発表会などの行事に向けた取り組みも始まります。保護者や地域の方に見ていただく機会をチャンスと捉え，子どもたちの頑張りや成長を学級通信で紹介していくとよいでしょう。

　秋は，1年の半分を迎え，折り返す時期です。節目節目でその実感を伴わせるようにしていきます。

力量形成の視点で考える場合，この時期は「学級通信を書くことの意味」を再確認する必要があると考えます。「変に慣れてくる」場合が考えられるからです。

　秋は，毎日発行していけば大台の100号を迎えます。週１の発行でも20〜30号に到達しているでしょう。子どもたちの切り取り方（写真の撮り方）や，付随する文章も，「なんとなく書ける」ようになってきているはずです。
　また，学年主任や管理職の先生も，数を重ねるごとに「信頼」してくれるようになっているはずです。

　私自身も，中だるみから「写真だけ」で発行してしまう号があったり，「今週はごめん」という週があったりしました。秋の行事に関する忙しさや，発行の意味を見失ってしまうことから，学級通信に対する熱量が下がっている場合があるのです。

　もし，「学級通信を発行すること」自体が目的であれば，それでよいかもしれません。しかし，「学級通信を通して自分自身を育てる」と考えるならば，ある程度書けるようになった秋がスタートラインなのです。
　「もっとよい表現はないか」「新しい語句を使ってみよう」「子どもたちの心をもっと深読みして伝えよう」と，常に向上心をもち続けなければならないはずです。

　子どもたちが外へ向けて学習の成果を発揮するように，担任としても自分自身の成長を実らせていく秋の通信にしたいものです。そのための学級通信の意味の再確認が必要です。

■より強い主張文を書こう（国語）

国語で「やまなし」を学習しています。二つの場面を比較させながら、内容の読み取りをしています。そんな中で、自分の考えを明確に書く活動をしました。そして、その意見の強さを読み取る活動につなげました。

意見の強さの判断基準として、「引用文」があること、「対比」が書かれていること、自分がどう感じたのかという「思い」が書かれていることなどを挙げました。

子どもたちの中でその意見文を読み合い、文章の「構成力」や「書く力」を高めることができました。学習後の子どもたちの感想をいくつか紹介します。

■良いところを見つける力がついたと思いました。マイナスを見るのではなくて、プラスのことを言った方が良いと改めて思いました。八人の意見文を読んで、僕も真似して書こうと思いました。自分の気持ちを書き、「教科書の文を書いて終わり」じゃない意見文にしていきたいです。

■自分が「落ちた」理由がすごくわかりました。○○さんや○○さんのような引用力は、そこまで目がいっていなかったと思いました。○さんや○○さんのような感情の入った文、○さんの反論も予想した文、すごくお手本になりました。

子どもたちには「理由に自分らしさが出る」と言っています。なぜそう感じるのか、なぜそう思ったのかという解釈は、「自分」という「フィルター」を通しているからです。

これからも、自分の考えを主張できる人に成長し続け、教室に良い意味での競い合いが生まれる学習をしていきたいと考えています。

■日直が三周目に入りました

三十四人で日直を回しています。今週から、三周目に入りました。

帰りの会の中に「今日のかがやき」という時間があります。昨年度から引き継がれている活動です。今年度は、「やるからには全員で全員をほめよう」という願いのもと、活動を続けてきました。七月に次のような作文を書いてきた子がいました。

「今日のかがやき」のたびに、私は「今日のかがやきってイイなあ」と思います。理由は二つあります。

一つ目は、日直の人の良いところを言うので、日直の人にも自信がつきます。（多分…）良いところをたくさん言われるのって、気持ちが良いことだと思います。

二つ目は、去年まででちょっと苦手だなと思っていた人の良いところを見つけようとすることで、その人が苦手じゃなくなるということです（多分…自信なくてごめんなさい）。人の悪いところばかり見ていると、自分も気分が悪くなると思います。このような理由から、「今日のかがやき」のたびに、「これってイイなあ」と思います。

三十四人が三十四人に対して「ほめ言葉」を伝えます。それが、二周したということは、34×34×2＝2312個の「ほめ言葉」が教室にあふれたということです。そして、年間4周するならば、4624個になります。言葉が育つと心が育つ。心が育つと人が育つと信じています。

子どもたちのゆるみに先手を打つ意味で、不適切な行動に対する意識を高める内容にしています。同時に、授業の勢いや学級のよさも伝えるようにしています。

令和元年度 花巻市立 若葉小学校 六年二組 学級通信

なんどでも

2019.10.11 発行
第07号
文責 古舘良純

二学期がスタートして二週間が経ちます。卒業式までのカウントダウンも、九十日ほどになってきました。

突然ですが、「ハインリッヒの法則」をご紹介します。「ハインリッヒの法則」とは、労働災害における経験則の一つです。一つの重大事故の背後には29の軽微な事故があり、その背景には300の小さな事故が存在するというものです。

これは、学校生活の中でも言えることだと感じています。

例えば、必要の無い物を学校に持ってくること。必要以上のペンや、シャープペンシル。キーホルダーなどが引き金になる…。

例えば、授業開始時刻を守れない日が何日も続く。

例えば、教室移動に間に合わない…。

例えば、ついつい言葉遣いが乱れ、下品な言葉が飛び交う。「バカ」「うざい」「お前」などという言葉が日常的に使われる…。

もしかしたら、家庭においても、同じように考えられることがあるかもしれません。テレビやゲーム、スマートフォンなどの使用や、食事、片付け、早寝早起きなどの生活習慣についても関係がありそうです。

子どもたちには、ぜひ「健全」に育っていってほしいと思います。だからこそ、何度でも言うべきことは言っていきたいと思っています。重大な事が起こってからでは遅いのです。

1件の重大な事故
29件の軽い事故
300件のヒヤリハット
【ハインリッヒの法則】

だから、ロうるさいと思われるかもしれませんが、まだ小さな「ヒヤリハット」のうちに、何度も注意したり、目を光らせたりするようにしています。

日頃からご家庭に協力いただいている生活表ですが、先週からリニューアルしました。学習に関する内容に加え、自分で自分を律するための個人生活表に取り組んでいます。

毎週十の項目を自分で決め、一週間取り組みます。反省欄もあるので、ぜひ目を通していただけると幸いです。

個々の生活を見てみると、十人十色の内容です。当たり前を当たり前にやろうとする内容や、右のプリントの10番のように、「学級にあふれさせたい言葉」に絡めて取り組もうとする子もいます。

大切なのは、「受動的」から「能動的」に取り組む事だと思っています。自分で考え、自分で取り組む事で、少しずつ成長してほしいです。

■自分で自分を律する生活表にしよう

番号	内容（自分で決める！）	月	日
1	授業中の私語を減らす		
2	机やロッカーを整とんする		
3	係の仕事を真面目にやる		
4	あいさつを増やす		
5	授業に集中する		
6	ノートを真面目にとる		
7	男女関係なく対話する		
8	対話を自然させる		
9	だれででも笑顔でせっする		
10	ありがとうを増やす		

Life is Beautiful 2018~2019 61 plus R

平成３０年度　木更津市立波岡小学校　第６学年１組　古舘学級
学級・学年便り「Life is beautiful」第１１７号（2018.10.29 発行）

全員で素直に学び合う姿が美しい 38 人
　仲間と一緒に高め合い　成長し合う姿が輝く 38 人　の記録！

■家庭学習 103 冊

　４月から続けてきた家庭学習の積み上げですが、10 月 25 日で 100 冊を超えました。現在 103 冊です。

　こつこつと続けることが力になります。点数という結果もそうですが、学習量としても自信につながります。「自分もやればできる」そんな気持ちをもってほしいです。

　Benesse 教育情報サイトで興味深い記事があります。陰山英男先生の記事です。（陰山先生は、100 マス計算を全国に広げ、定着させた方です）

　次のように述べています。

　「学力を伸ばす上でいちばん大事なのは、勉強時間を短くすることです。小学生の例ですが、1 日の勉強時間が 2 時間を超えると成績が急激に落ちるというデータがあります。長時間にわたる勉強では、お子さんの集中力が続きません。短時間で効率的な勉強をするためには、たとえば『1 ページを 15 分でやる』など自分なりに目標を立て、スピード感をもって取り組むことが大切です」（2017. 11. 10）

　つまり、「やりすぎも良くない」「時間をかけるよりも効率的に学習を進める」ということです。

　また、アメリカの論文では、宿題（意欲的ではない宿題）は学力を低下させるという結果が出ているそうです。しかし、ある程度の一定の学力水準が定着していなければ、中学～社会人で困ります。

　だからこそ、短期集中型の学習法の取得、または意欲をもった長時間の学習が求められます。3 月までに 300 冊を目指して頑張ります。

家庭学習ノートの山を写真で縦長に載せ，春から続けてきたことの積み上げを意識した内容にしています。森泉周次郎先生（埼玉）の「自学タワー」を取り入れています。

はじめの一歩

波岡小学校 6 年 2 組
学級便り　第 55 号
H29 年 10 月 31 日

「全員で」にこだわり、歴史を積み上げる26人・一人も見捨てず成長し合い、仲間と喜びを分かち合う26人

■ メリハリをつける

　今、国語の学習では、徹底的に「書く」「読む」内容を意識しています。8 分間の視写、5 分間の速読を毎時間位置づけています。その後、教科書の内容で話し合いをします。

　この序盤の 15 分間が、どれほど基礎学力を高めているか計り知れません。「息を吸うように書く」「淀みなく読む」ことを意識させています。集中力も素晴らしいことですが、この厳しい積み重ねに弱音を吐かない（吐けない？笑）メンタルもさすがだと言っていいでしょう。

　私は、この積み上げを**「読み書き計算を支える学力」**と位置づけています。基礎学力のさらに根底にあるものです。バスケットボールの練習をしようとする以前に、キャッチボール（パス交換）ができなければ、練習自体が成立しません。同じように、「息を吸うように書ける」「淀むことなくすらすらと読める」ような「そもそも」の土台が必要になってきます。それは、子どもたちの学習がより高度になってきているから成立します。学習高度になればなるほど、土台がより重要になります。地盤の緩い土地に基礎はつくれず、柱など立てられないということです。辞書引きや日常的な読書量も同じです。表面上の学び、現象だけの白熱を卒業していきたいと考えています。

■ ふと、左のような場面に出会うと嬉しくなります。

　次の授業の準備をしているのです。スマートであり、大人だなと感じます。単純に「偉い」とか「すごい」という言葉では表せない何かを感じます。

　子どもたちの「根」が変わってきているなあと思わずにいられません。

学力の基礎・基本の部分を徹底している様子を伝え，子どもたちの土台が安定してきている様子を伝えています。「後ろ姿」の写真で，集中力を伝えています。

3-1ファミリー！

小学校３年 1 組
学級だより NO．59
令和２年11月6日
担任　小野　貴仁

■１００日で３年１組みんなが成長できたこと

　　28 人全員で歩んできた 100 日。子供たちが成長したと感じることが 100 個。1 つ 1 つを噛みしめながら振り返りたいと思います。当然まだまだな部分はあります。しかし、成長していることは「事実」です。子供たちは本当によく頑張っています。すごいです！心からの拍手を送ります！

1. 心で聴く	27. 正対できる	53. ふらふらしない	79. 全員で全力が出せる
2. 自学を自分からやる	28. 書いたらすぐ発表	54. ソーラン節の本気	80. 時間を見て行動
3. 姿勢が良くなった	29. 掃除を頑張る	55. 漢字をきれいに書く	81. 自分から動く
4. 切り替えスピード	30. あきらめない	56. ほめ合う	82. 丸付け力
5. 文章を書く力	31. 男女仲良し	57. 拳制し合う	83. 自学が楽しくなった
6. D 語より Y 語	32. 強い心	58. 苦手でも食べる	84. 空気を読む
7. 競い合える	33. 整理整頓	59. 相づちを打つ	85. 自学１０８冊
8. 堂々とできる	34. たくさん遊んでいる	60. いじめない	86. 授業で深め合う
9. 会社活動を頑張った	35. 一人も見捨てない	61. 楽しく遊べる	87. つながりが深まった
10. 心が強くなった	36. すき間時間に自学	62. 勇気を出す	88. 心を成長させられた
11. 泣かない	37. 何でもやる気になる	63. 学び合い	89. チクチク言葉がない
12. 音読でかまない	38. たくさん考えている	64. やる気ノート	90. 何でも本気
13. 誰にでも拍手	39. くじけても頑張る	65. 笑顔１２０％	91. 誰でも頑張れる
14. ありがとうが増えた	40. 弱い心に負けない	66. ロッカーがきれい	92. 発表できる
15. 価値語を作った	41. 自己学習力	67. 秋のリスカ	93. 話し合いが上手
16. オリジナル価値語	42. 成長無限ループ	68. 相手軸になった	94. 心を鍛えられた
17. 成長できた	43. 質問できる	69. ファーストペンギン	95. 徹底力
18. 集中できる	44. 分析力が高まった	70. 忍者思いやり力	96. ぽかぽか言葉
19. みんな仲良くなった	45. 聴く姿勢	71. 一人が美しい	97. 一日一善を意識した
20. 授業中の集中	46. 目標に向かって進む	72. 信頼貯金が増えた	98. 努力できた
21. 学びモード	47. 字の丁寧さ	73. 限界突破できる	99. 流されない
22. 学校生活を楽しめる	48. やるぞ！の気持ち	74. 言葉に責任を持てた	100. 　SA の道
23. 助け合う	49. 時間を守る	75. 黄金の隙間時間	
24. 切り替えスピード倍	50. 教室の整頓	76. 切磋琢磨した	
25. あいさつ	51. 沈黙	77. フォローし合えた	
26. 良いところ見つけ	52. えんぴつを止めない	78. ８０個以上価値語	

　私は１００日までよくやったなと思いました。２年生のころは成長なんて考えていなかったけど、今は「成長するぞ！」という思いです。これからも「やるぞ！」の Y 語でやっていきたいです。みんなで黒板を真っ白にして「本当に３年１組でよかった」と思いました。これからも SA の道へみんなで向かいたいです。（O さんの成長ノート）

　菊池道場でともに学んでいる小野貴仁先生から提供していただいた学級通信です。多くの学校では10月半ばに100日目を迎えます。節目を逃さず発信しているところが素敵です。

やってみよう

小学校
4年学年学級だより
No.24号
H30.9.13
文責：渡辺

心の成長を期待して

「学級だより」を通してみなさんの頑張っている姿を紹介してきました。

いつもは、写真を添えて「何を学んでいるのか」「どのような成長があったか」を説明を加えながら紹介しています。しかし、今回の写真は、あえて「残念」だと思うものを載せました。

成長している皆さんだからこそ、「自分の生活はどうなのか」を振り返ってほしい…という願いを込めて紹介します。

写真は、給食を食べ終わった後の「牛乳パック入れ」です。給食当番の子が、「先生〜、見てくださいっ！！」と持ってきました。本来ならば、牛乳パックを畳んで、一つの牛乳パックにまとめて入れるはずです。しかしこの日は、いくつかの牛乳パックがそのまま投げ捨てられたように入っていました。

皆さんは、この写真を見て何を感じましたか？　先生は、残念な気持ちになりました。もしかしたら、今は改善できないことが多いかもしれません。しかし、昨日より今日、今日より明日、明日より明後日…、そして1年後…。少しでも心の変化があれば、きっとその積み重ねで「成長」のスピードも加速することでしょう。

夏休みが明けてから2週間が経ちます。まだまだ成長できます！！

職場の後輩として着任してきた渡辺大貴先生から提供していただいた通信です。「あえて残念」な内容とし担任の思いを伝えています。信頼関係があるから出せる内容です。（63ページ参照）

力を蓄える冬

　いよいよ，１年を締めくくる冬の学級通信になっていきます。登校日数は50～60日でしょう。毎日発行しても50～60号，週１回の発行でも10号前後です。担任として，学級解散へのカウントダウンは，学級通信のカウントダウンでもあるのです。

　その中で意識するのは，いかに次学年への力を蓄えさせるかということです。子どもたちに自分自身の成長を自覚させ，学級集団としての高まりを実感させる内容にしていきます。

　そのために，１年間の変容などを含む成長の事実を紹介し，その価値づけ・意味づけを行います。場合によっては，子どもたち自身の言葉で学級通信を作成することも考えられます。

　私自身，毎日発行を決めた２年目の年，最終200号は子どもたち個々にそれぞれ書かせました。「１年間の成長新聞」としてまとめ，家庭へ届けることができました。（36ページ「UNITY200号」参照）

　一人一人が，自分の成長や学級で過ごした日々を力強く振り返って書いていました。その冊子（学級通信集）は，10年以上経っても，私の宝物です。

　全ての活動に「最後の」がつく冬の活動は，通信に書ききれない思いが詰まっているでしょう。担任が思いを語ると同時に，子どもたちも語りたいと考えているかもしれませんね。

力量形成の視点で考える場合，春の通信との一貫性を考えて発行するようにします。４月に目指していた姿とつなぐ意識をもちます。例えば，「子どもたちの輝く姿をお届けしたいです」という宣言していた場合，そうした内容が伝わっていたか，省みて発行していきます。

　私は，「学級通信のタイトル」に近づいているかどうかを考えることでブレを修正するようにしています。令和２年度のタイトルは「ダンデライオン〜一面に咲くタンポポの花〜」でした。タイトルのように，一人一人が力強く成長しているかどうかを考えて内容を構成するようにしていました。

　つまり，思いつきで内容を書いたり，目立った行事だけで記事を構成したりしてしまうことがないようにするということです。子どもたちの成長を応援できるように，そして担任としても力量形成できるように，目的意識を見失わないように書き続けます。

　私は２月に入る頃に最終号の通信を書き始めます。少しずつ記事を書き進めます。書きたいことがたくさんある中で，何を選び，どのように記事にするかを１か月かけて練るためです。

　卒業学年であれば，子どもたち一人一人へのメッセージにしようか，全体をまとめた形のメッセージにしようか悩みます。それ以外の学年であれば，４月からのストーリーを紡いでみたり，行事を追って成長をつないでみたりします。そのように書き進めることで，内容を精選し，言葉を吟味しながら最後の通信を完成させることができます。最終号という限られた枠の中で，１年間の成長のまとめをしていくのです。

■ 内容を要約しよう

国語の説明文で「自然に学ぶ暮らし」という内容を学習しました。段落ごとに読み取りをしながら、内容をコンパクトにまとめていく授業を数時間行いました。

個人で考え、班ごとにまとめたり、絵や図を使ってイラストでまとめたりしてきました。

最後の時間は、「筆者の主張を二十字でまとめる」ということを課題にし、全員に一文ずつ書かせました（上の黒板）。時間の中で全員が要約し、それを黒板に書き切ることができる事実に驚くと共に、子どもたちの成長を感じることができました。

内容を見ても、「自然に学ぶこと」や「そうした工夫を活かすこと」のようなものが多く、「これからの生活を考えていく」という筆者の主張に迫れていると感じました。

その後、どの内容が「より」主張に近いのかという議論もしました。「考えるから活かすことができるのか」「活かそうとするから考えるのか」など、子どもたちなりに考え、頭を悩ませていたように思います。

小学校生活で学ぶ説明文はこれで終わりになります。一人一人がこうして「ズバリ」要約していく力を身につけられた事実を嬉しく思いました。

■ 卒業するときに言われたい言葉

いよいよ卒業まで一ヶ月となります。子ども

たちに、「卒業するときにどんな言葉を言われたいか」を考えてもらいました。次のような言葉が出されました。

● 五年生の頃から成長したね
● 立派な中学生になったね
● 心が大人になったね
● 中学校でも頑張ってね
● 学校をひっぱってくれてありがとう
● よく頑張ったね、おめでとう
● いつまでも応援しているよ

今想像してみただけでも、とても温かい気持ちになる言葉がたくさんあります。こうした言葉をかけていただけるよう、これから残り一ヶ月の過ごし方を考えなければなりません。

同時に、「こんな六年生は嫌だ」という真逆の姿も考えてみました。

◆ 廊下を走る、態度の悪い六年生
◆ やることをやらない六年生
◆ 下級生に優しくない六年生
◆ 言われているのにやらない六年生
◆ 給食準備をだらだらやる六年生
◆ 悪口を言い、暴力のある六年生
◆ 人を嘲笑する六年生
◆ 本気で授業を受けない六年生
◆ 人に合わせる（群れる）六年生

卒業するときに「おめでとう」を素直に受け止められるような行動をしていきたいです。

メインは通信の最後に記載した「卒業するときに言われたい言葉」です。菊池省三先生の実践を参考にしています。

令和元年度 花巻市立 若葉小学校 六年二組 学級通信

なんどでも

2020. 2. 14 発行
第21号
文責　古舘良純

最近、「何気ない行動」「さりげない行動」を よく見かけるようになりました。とても価値の ある行動だと思ってみています。

例えば、

- ゴミ箱の横に落ちているゴミをサッ と拾って捨てる
- 掃除分担が違うのに、教室の机を運 んでくれている
- 給食のゴミ袋を自然に用意する
- 教科書を配る人が増えた
- ご飯箱やパン箱を戻してくれる

のような行動です。当たり前と言えば当たり前 ですが、「何気なくやる」「さりげなくやる」所 に価値を感じます。「見返りを求めない精神」 や、「それ自体を苦に思わずにやろうとする奉 仕の心」が本当に素敵だなと感じます。

このように、集団生活に対して自分の力を発 揮できる人が増えるといいなと思います。

→自主的にパン箱を持って行ってくれた子。「寄り添う」とは、 それを手伝ってくれる子。「寄り添う」とは、 こういう行動なのだろうと思えました。

この1年間で、たくさんの言葉と出会ってき ました。その言葉一つ一つが、全員の心を耕し てきた言葉だと思っています。

同時に、「言うは易し、行うは難し」という 言葉もあるように、口で良いことを言っていて も、実際の行動はどうなのか…という課題がな いわけではありません。

だからこそ、「言行一致」を目指し、そうし た姿に憧れ、人として成熟していくのだと考え ています。それは、大人も子どもも一緒であり、 私自身にも言えることです。いずれ、この三十 四人は素晴らしい人になると信じています。

平成３０年度　木更津市立波岡小学校　第６学年１組　古舘学級
学級・学年便り「Life is beautiful」第１９０号（2019.3.4 発行）

みんなのことを　みんなで考え　みんなで高まる　６１R
一瞬一瞬にプラスをつくる38人・自分思い 友だち思いで すなおな38人

■卒業式練習、スタート（卒業まであと 10 日）

　卒業式練習がスタートしました。今日は主に、入場位置の確認、退場位置の確認、ひな壇位置の確認、自席の確認をしました。そして、練習開始時の会場の状態と、片づけ確認も行いました。２月に決めた卒業生の呼びかけも、分担を決めて練習をスタートさせています。

　よびかけの声は、体育館でも通用するボリュームで出せる子が多く、とても驚きました。実行委員からは、「間の取り方」「タイミング」「語尾をあげて」「トーンを高く」など、様々な注意点が話され、みんなで高まっていく感覚が素晴らしいと思っています。

　このラスト 10 日間で、また「グッ」と成長が加速すると考えています。ある意味、寒さを吹き飛ばすような熱のある時間になっていくはずです。ここまできたら、本当に泣いても笑ってもあと 10 日です。真剣に、頑張ることを頑張りたいと思います。

卒業式練習を伝えました。ステージ上からフロアを眺める写真のアングルがポイントです。「子どもたち目線」で写真を撮ることで臨場感が出ます。

Are you ready?

富津小学校
第６学年２組
学級便り第52号
Ｈ24年３月９日

あと５日

　１９６日あった１年間も、いよいよ来週を残すのみとなりました。漢字スキルが終わる。計算ドリルが終わる。委員会が終わる・・・。そして、本格化した卒業式練習。本当に大切な毎日を、最後の「楽しい思い出」のために一生懸命使っていきたいですね。

> 　私は、卒業式が「楽しみ」です。みんなが卒業するのは正直悲しいのですが、みんなの練習を見ていると、一生懸命さが伝わってきます。 必死さが伝わってきます。どんどん良くなっているのが分かります。そんなみんなが、来週の卒業式で輝く姿を想像します。すると、「悲しい」けれど、「楽しみ」だなって思います。一生懸命努力し、一生懸命伝えよう！

よくなってきたことで…

　先週に続き、合唱練習やお別れの言葉の練習が続いています。意識の変化や、よりよいものを求めようとする気持ちが、確かな行動に表れ、形として表現されつつあります。
　朝の会の呼名練習では、お互いが声を出し合うことで良い緊張感が生まれ、張りのある返事をすることができるようになってきました。合唱練習でも、山口先生の指導をいただき、「声が出ている」と言っていただけました。「頑張る→評価を受ける→意欲が増す」というサイクルで、向上心を保ち、練習しています。

年度末は，通信でカウントダウンをしています。また，真ん中にふきだしを位置づけています。担任の思いをイラストを通してストレートに伝えることができます。

新年あけましておめでとうございます

　２０１３年がスタートしました。今年は小学校を卒業して、中学生になります。よく言われることですが、「１月は行く、２月は逃げる、３月は去る」という言葉の通り、６年生の３学期は本当にあっという間です。限られた時間の日々の中で、小学校生活の楽しい思い出を一つでも残せるように、クラスのみんなで協力して卒業の日を迎えましょう。

心が変われば、態度が変わる。	態度が変われば、行動が変わる。
行動が変われば、習慣が変わる。	習慣が変われば、人格が変わる。
人格が変われば、出会いが変わる。	出会いが変わる、運命が変わる。

運命が変われば、人生が変わる。

『本気で生きよう！なにかが変わる』丸山浩路氏　引用

平成24年度に同学年を組ませていただいた加藤摩耶先生から提供していただいた学級通信です。
３学期始業式の通信です。格言で士気を高めようとしています。正月明けにぴったりです。

UNITY

富 津 小 学 校
第 4 学 年 1 組
学級便り 第173号
H22年2月17日

あと4日！！

昨日決定した劇の練習が、本格的にスタートしました。

役の子は動きを考えて演じ、ナレーターの子は、少しずつ暗唱できるようになってきています。わずか1日でここまでできるようになると思っていなかったので、とても驚いています。

そして、残された練習期間があと4日となってしまいました。来週はリハーサルとなるので、実質今週中にある程度の形に仕上げなければいけません。

子どもたちは、学習のまとめと劇を両立させながら頑張っています。ぜひご家庭でも応援をよろしくお願いします。また、ここ数日の急激な気温低下に伴い、体調を崩す子どもが増えてきたように思います。休養・栄養のバランスをしっかりととりながら、健康管理ができるようにご協力お願いします。

クラブ最終日

初めてのクラブ活動を経験して1年が経ちました。

上学年の仲間入りをして一生懸命に取り組む子どもの姿が印象的でした。

昨日の活動では、1年の反省を行い、目標に向けた活動できたかどうかを振り返りました。

来年は5年生として下学年を迎える立場です。この1年で学んだことを生かし、しっかりと下学年の面倒を見たり、活動したりできることを期待しています。

ご協力ありがとうございました！

ごみ袋のご協力ありがとうございました。おかげ様で、きれいに給食の後片付けをすることができます。この教室で食べる給食もあとわずかだと思うと、少しさみしい気持ちになります。

年度末は，通信でカウントダウンをしています。特別活動（クラブ活動）など，「最後」となる活動をピックアップして記事にしていくようにしています。

他学年のマラソンを
ベランダに出て応援しました。

一つ目は、感想文にもあったように、「公開と、翌日の対話の質がいい意味で同じだった」ということでした。「公開だから頑張り、普段に戻るから手を抜く」のではなく、「公開も頑張り、翌日はもっと頑張る」ということを価値づけてくださいました。

二つ目は、「拍手を、本気でおくっていた」ということでした。相手に届けよう、相手に伝えようとする拍手が素晴らしいとほめてくださいました。教室でも、「乾いた拍手はやめよう」と言っていたので、それが伝わって嬉しいなと感じじました。

そして、加倉井先生は最後に「二日間見せていただいて、できれば卒業前にも来たいなって思いました」と言ってくださいました。叶うかどうかは別として、また成長を見ていただけたらこんなに幸せなことはありません。

■ マラソン大会を終えて

九月から二ヶ月間、子どもたちはよく走り続けました。本当によく頑張ったと思います。

練習が始まった当初、4000周なんて本当に達成できるのか？　二ヶ月先はどうなっているのだろう？と思っていました。

今こうしてマラソン大会を終えてみると、子どもたちは見事に4000周を達成し、力の限り走りました。最後、グラウンドに戻ってきてアスファルトの直線を走る姿を見て、思わず涙がこみ上げてきました。ラストスパートの表情が、これまでの成長の全てを物語っていたからです。必死に走り、苦しさも全て受け入れた上で走る姿に感動しました。

子どもたちに振り返りを書かせました。すると、次のようなことを書いてくれた子がいました。

> マラソン練習は辛かった。これで終わった。もう走らなくていい。でも、明日から無くなるのかと思うと、なんだかさみしくなった。

こういう、ある種の「矛盾」を抱えた感情が湧き上がる作文に心が震えました。きっと、子どもたちが一番感じていることではないかと思うのです。だからこそ、これからも当たり前の日々を大切に過ごしていきたいと思います。

■ 卒業プロジェクト、始まります

学年集会が開かれ、学年執行部から卒業プロジェクトについての提案がありました。いくつかの活動を分担して担当し、それぞれの活動をリードしていくという内容でした。

早速取り組むのが「卒業文集」です。二学期中には完成させ、冬休みに入ったら業者に引き継ぎます。少ない文字数の中に、たくさんの思いを込めて書き切りたいと思っています。

六年生になって百二十七日間を過ごし、卒業まで残り七十七日となりました。

学年集会で、卒業プロジェクトの提案がありました。

菊池道場福島支部長の加倉井英紀先生が古舘学級を参観した授業の様子を伝えました。子どもたちにとっても非日常の思い出となるはずです。

令和元年度 花巻市立 若葉小学校 六年二組 学級通信

なんどでも

2019. 11. 1 発行
第 10 号
文責　古舘良純

先日学校公開を終えました。子どもたちの頑張りはいつも通りで、集中力も高く、堂々と学習へ向かっていました。改めて力のある子たちだなと感じ、嬉しく、頼もしく思いました。

また、翌日の金曜日には、福島県から加倉井先生という方が丸一日学級を参観しにいらっしゃいました。現在、教職大学院に通われており、研究のためにお見えになりました。ある意味、日常の真価が問われる一日となりました。

今週に入って、マラソン大会も行われました。日差しはありましたが、気温が低く、風も冷たい一日でした。しかしながら、多くの応援をいただけたこと、本当に嬉しく思います。ありがとうございました。

さて、もう十一月中旬になります。十一月の登校日数は二十日間です。十一月は旧暦で「霜月」。秋から冬へ向かう季節になります。寒さには十分気をつけ、手洗いうがいをしながら体調管理に努めたいと思います。

■加倉井先生からの感想文

「古舘学級を参観して」

大学院二年　加倉井英紀

古舘学級を参観して感じたことを三つあげます。

一つ目は、いい意味でいつも通りの力を発揮していたことです。研究公開とその翌日に授業を参観しましたが、どの授業も頭に汗をかきながら学んでいた姿が印象的でした。

二つ目は、自分の成長を自覚した集団であるということです。授業や日々の活動に対して自分の心としっかりと向き合い、成長した所や課題を伝えたり、言語化したりすることが習慣化しているように感じました。

三つ目は、対話する価値を全員が感じていることです。質問タイムでインタビューした際、対話することで自分の価値観を磨いたり、成長

したりすることができると話していたことが今でも心に残っています。

成長する空気を創り出し生活している古舘学級の益々の成長を期待しています。

本当にありがたい言葉をたくさんいただけたと思っています。

お見送りの際に、私からも質問を投げかけてみました。「子どもたちの良いなと思ったところはどこですか?」と聞きました。すると、二つ答えてくれました。

smile

富津小学校
第3学年1組
学級便り　第9号
H22年4月21日

「みんなでリレー」頑張っています！

1．種目名「みんなでリレー」
2．対象「千葉県内の小学校」
3．競技方法
・片道20mの計40mのコースを1周とし、10人以上のチームで行う。
・バトンパスは中央の5mのゾーンで行う。
・タイムを人数で割り、一人当たりの平均タイムを記録とする。

　4月の体育は、高学年の陸上練習への意欲づけや、運動会に向けての取り組みということで、「陸上」を行っています。特に、走力向上とバトンパスの技能向上のための練習に取り組んでいます。

　先週から行っている「みんなでリレー」では、子どもたちが一生懸命に走り、話し合い、前向きに取り組む姿が多く見られるようになってきました。最初はタイムも伸びず、「走らされている」ような感じでしたが、順番を考えて臨み、バトンパスがスムーズになってきたことで、取り組むたびにどんどんよくなってきました。

　子どもたちは、「もっとやりたい！」「もう一回お願いします！」と、進んで参加しています。意欲をもって上手になっていく姿は、担任としてとても幸せなことだと感じています。

ひとつぶ残さず…

　学校では、火曜日に給食の後片付けをチェックする「ワゴンチェックの日」が設定してあります。子どもたちとは、「細かい野菜・ご飯粒ひとつぶまできれいに食べて、きれいな状態で給食室に返そう」と約束しています。

　火曜日以外も、きれいに片づけられるようにしながら、感謝の気持ちを持って食べるようにしていきたいと思います。

県の教育委員会が推進している体力づくりの取り組みを実践している様子を伝えました。学校外の活動への取り組みを積極的に発信していきます。

UNITY

富 津 小 学 校
第 ４ 学 年 １ 組
学級便り　第１２９号
Ｈ２１年１２月１４日

球技大会に向けて

　球技大会に向けて、実行委員会が進んでいます。チーム決めやルールなど、様々な視点に沿って話し合いが進んでいます。
　勝敗が関わってくる分、決める側の責任が大きくなりますが、その分のやりがいや達成感は大きいと思います。
　大会は今週の金曜日です。球技大会が成功するように、実行委員を含め、みんなで協力して頑張りたいと思います。

しっかり行動できました

　先週の金曜日に、机の下に隠れる一次避難のみ行う、「ワンポイント避難訓練」がありました。
　算数の授業の時間に放送が入りましたが、それぞれしっかりと机の下に避難できていました。
　オープンスクールの際に行われた講演会でも言われていたように、いつ自分達の身に災害が降りかかってきてもおかしくない状況です。いつ、どんな時でも安全に避難できるように、今後も指導を続けていきたいと思います。

今週の予定

- １４日（月）漢字５０問テスト
- １５日（火）クラブ活動
- １７日（木）大掃除・落語暗唱
- １８日（金）球技大会

心から「ありがとう」

　先週、「正直に」ということを子どもたちに話しました。その後、何人かの子が日記に書いたり、直接私のところにきて、色々と話をしてくれたりしました。
　正しいことをするということは、勇気が必要です。正しいことをしたはずなのに、悪者になってしまう時があるからです。
　だからこそ、私の気持ちに応えてくれた子どもたちに心から感謝したいと思いました。

普段の通信には予定などの「連絡欄」はありません。しかし，漢字テスト・クラブ活動・球技大会などがもりだくさんの週は子どもたちと予定を共有するために記載するようにします。

第32号

言葉の力

平成２４年度
富津小６年１組
学　級　便　り
24年7月10日

クリーン大作戦・・・

　家庭科の学習で、「身の回りの生活環境を整えよう」というねらいのもと、クリーン大作戦を行いました。普段掃除をしている教室をはじめ、廊下やトイレ、昇降口など、よく観察してみると多くのよごれが目立っていることに気がつきました。子どもたちの、「普段より一生懸命に取り組もう」という意欲が伝わってきました。

　１回目の掃除では、授業の後半を使った、約２０分間の清掃になりました。それぞれが役割分担をはっきりさせ、効率よく清掃活動をしていたように感じました。「こんなにゴミがでた！」という言葉。日頃から掃除はしているはずなのに、思わぬ量のゴミが出てきたときには、正直驚きました。子どもたちは、「もっとやりたい」という声もあがり、とても嬉しく思いました。

　今回は、「クリーン大作戦」という形で清掃活動に取り組みましたが、日常の清掃活動の中で補える部分が多くあります。１学期もあとわずか。きれいな状態で夏休みを迎えられるよう、普段の清掃活動にも目を向けて指導を重ねていきたいと思います。

夏休みまで
あと、７日！

家庭科の授業の一環で「掃除」をしている様子を伝えました。学期末の大掃除に合わせて意識を高めて取り組みました。

若竹の如く

平成３０年４月１７日（火）
No. 6
○○市立○○小学校　６学年

歴史の勉強が始まりました

　みなさんが６年生の社会科で学習する内容は主に歴史です。

　３年生は市について、４年生は県について、５年生は国や日本と関わりのある世界の国々について勉強をしました。

　では、なぜ６年生で歴史の勉強をするのでしょうか。「学習指導要領」という本に６年生にこんな力を身に付けてほしい力として、このように書いてあります。

> 　我が国の歴史上の主な事象について、人物の働きや代表的な文化遺産を中心に遺跡や文化財、資料などを活用して調べ、歴史を学ぶ意味を考えるようにするとともに、自分たちの生活の歴史的背景、我が国の歴史や先人の働きについて理解と関心を深めるようにする。

　ここに書かれていることは、みなさんが歴史を学ぶことを通して、自分たちの生活や国、社会がなぜ発展したのかを知ったり、今日の自分たちの生活は、長い間の我が国の歴史や先人たちの働きの上に成り立っていることを知ったりしてほしいということです。

　また、その発展の裏には、各時代において先人が様々な課題の解決や人々の願いの実現に向けて努力したことを知ってほしいということも書かれています。

　歴史は「人物」とその功績、「起きたこと」についてたくさん学習します。ぜひ先人からたくさんのことを学んでほしいと思います。

　最後に、６年生の社会科で勉強する歴史人物の一覧を紹介します。

> 卑弥呼、　聖徳太子、小野妹子、中大兄皇子、中臣鎌足、聖武天皇、行基、鑑真、藤原道長、紫式部、清少納言、平清盛、源頼朝、源義経、北条時宗、足利義満、足利義政、雪舟、ザビエル、織田信長、豊臣秀吉、徳川家康、徳川家光、近松門左衛門、歌川（安藤）広重、本居宣長、杉田玄白、伊能忠敬、ペリー、勝海舟、西郷隆盛、大久保利通、木戸孝允、明治天皇、福沢諭吉、大隈重信、板垣退助、伊藤博文、陸奥宗光、東郷平八郎、小村寿太郎、野口英世

　これだけたくさんの人物について勉強をします。まだ勉強していませんから読み方もわからない人がたくさんいると思います。

　１年間勉強して、この人たちの読み方だけでなく「何をしたのか」もわかるようになっているようにしっかり勉強していきましょう。

菊池道場でともに学んでいる菅野雄太先生から提供していただいた学級通信です。社会科の授業の導入をしています。「先出し」で歴史上の人物を載せ学習への関心を高めています。

平成３０年度　木更津市立波岡小学校　第６学年１組　古舘学級
学級・学年便り「Life is beautiful」第２３号（2018.5.14 発行）

Life is
Beautiful
2018〜2019
61R

197 日の「人生」における、子どもたちの輝く笑顔、
すなおな心、たくましい姿をお伝えする魂の記録！

■リレーだけど、道徳

　体育でリレーを行いました。チームを何度も決め直し、何回も走りました。苦手な子も、得意な子も、
ちょっと足が痛い子も…。みんな一生懸命に走りました。体を動かすのは心です。だから、一生懸命走
る姿を見ると感動します。「一緒にやろう！」「俺、３番目でいい？」「いいよ！」というような、意見を
言える、意見を受け入れられる関係や、苦手な子が短いコースを走り、得意な子が長いコースを走るな
どの様子が見られました。ある子は、「あ、道徳だ…」とつぶやいていました。本当に素敵な心に育って
きています。

■「整える」から「調える」へ

　ふと見ると、タイマーが揃っていました。「誰がやってく
れたのだろう？」と心が温かくなりました。以前、プリン
トを出すときも「トントン」と揃えてくれる子がいました。
心が美しいなあと思うのです。

リレーの様子を伝えながらも，そこに道徳性が育っている様子を伝えました。授業の中で，何
を育てていきたいかを暗に示すようにしています。

小学校
第6学年1組
学級だより　第71号
H30年1月10日

〈今年の目標　漢字一字で表すと…〉

　始業式後の学活で冬休みの思い出と、今年の目標を全員に聞きました。冬休みの思い出は、班で談笑した後、「〇〇さんの冬休みは〜だったそうです」という形で友達の分を発表してもらいました。時にはするどいツッコミが入りつつも笑いが教室に溢れました。

　今年の漢字1文字には、一人一人の思いが込められていました。「挑」「笑」「友」「進」「勉」といった漢字が多くみられたように感じます。4月からの中学校生活を意識しつつ、目標を立てている様子が印象的でした。残りの小学校生活が充実したものになるよう、長期目標と短期目標を併用しながら一日一日を大切にしていきたいと思います。

平成29年度に同学年を組ませていただいた礒貝玲子先生から提供していただいた学級通信です。子どもたちが書いた様子をダイナミックに載せ，インパクトのある通信にしています。

アクティブ

波岡小学校
第6学年2組
学級便り第66号
H28年11月21日

白熱し、意見を受け止め合う25人・お互いを信頼し合う25人

■懸命に走りました

　最後のマラソン大会が終わりました。外では1時間目から他学年が走っており、とても気になる様子でした。授業が終わるたびにベランダに出て応援する中で、自分の気落ちを落ち着かせているようでした。

　公務員ランナーである川内優輝選手のドキュメンタリー動画を見て、大切にしたい「ワンフレーズ」を考えました。成長ノートに書いて気持ちを高めて本番に臨みました。

　6年生、最後の走りには感動しかありませんでした。2学期も、残り1ヵ月です。

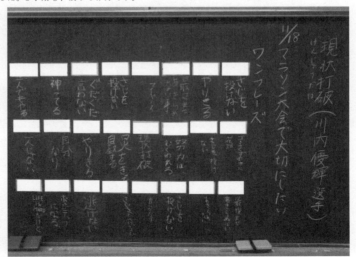

＊ケツメイシ『トレイン』を聴きながら＊

　子どもたちの言葉をそのまま通信に載せています。マラソン大会の中で心を育てたいという願いも伝えるようにしています。

やってみよう

助け合い　注意し合い　ゆずり合いのできる２７人の学級
みんなが心優しく　笑顔ある２７人の学級

小学校
４年学年学級だより
No.６４号
H30.12.6
文責：渡辺

マラソン大会

　１か月間の練習を経て、マラソン大会を迎えました。後期がスタートした時、成長ノートに「後期がんばりたいこと」を書きましたね。ノートには、多くの人が「マラソン大会」のことを書いていました。「ライバルに負けない」「入賞を目指して」「去年よりいい記録をとる」などが書かれていました。

　きっとその目標があったから、皆さんはつらい練習も続けることができたのですね。息を切らしながら、前を向いて精一杯練習に取り組んでいる様子が嬉しかったです。

　そして、マラソン大会当日を迎えました。朝から皆さんの「緊張」が伝わってきました。そわそわ、ウキウキ…色々な人がいました。また、実力を発揮できた人もいれば、悔しかった人もいたでしょう。さらに、目標を達成できた人もいれば、できなかった人もいたでしょう。

　しかし、つらい練習を続けてきた「過程」は失われません。きっとこれからの生き方の糧になると信じています。よくがんばりました。

職場の後輩として着任してきた渡辺大貴先生から提供していただいた学級通信です。マラソンの練習に対する取り組み方，姿勢の在り方を子どもたちと共有しています。

第69号

言葉の力

平成24年度
富津小6年1組
学級便り
24年12月4日

動じない心

↓「授業参観」で書いた「1秒の言葉」

↓「きらめき集会」の発表

　土曜日の「授業参観」及び「きらめき集会」では、お忙しい中足を運んでいただきありがとうございました。

　子どもたちは、いつものように落ち着いて学習に臨んでいました。また、きらめき集会でも、練習通りしっかりと声を出せていました。もちろん「心の声」も。

　最後のきらめき集会。これまで共に過ごしてきた「ともだち」のことを想って作った詩。これまで過ごしてきた富津のことを想った「ふるさと」の歌。どちらの言葉（詩・歌詞）にも、気持ちがのっていたように感じました。卒業式を思わせるかのような覇気のある声。静まりかえった体育館の雰囲気に、思わずこみ上げてくるものがありました。

　今回のきらめき集会は通過点であり、ここがゴールではありません。明後日に迫った議場コンサート。そして、卒業式までの道のりにおける大切な成長の場です。

　「3月は、もっと輝ける」そう感じずにはいられない集会となりました。ぜひ、議場コンサートにも足を運んでいただけたらと思います。今後とも、よろしくお願いします。

授業参観と音楽集会が同日開催された様子です。写真を載せることで，活動の様子が見てわかる内容になっています。

smile

よく頑張っていました！

　先日は、オープンスクールの参観ありがとうございました。子どもたちもよく頑張っており、これまでの学習の成果が出せたのではないかと思いました。

　1時間目の算数では、「10倍した数」についての計算を通し、子どもたちが計算のしくみを発見しながら活動することができました。どの子もノートにしっかりと書き、よく考えて計算できていました。話を聞く姿勢や発表の仕方もとてもよかったです。

　2時間目の国語では、多くの保護者の皆様に参観していただき、子どもたちも緊張の中でしたが、よく発表できていたのではないかと思いました。これまで練習を重ねてきたことで、どのグループも読む速さや間の取り方に注意しながら活動でき、感想もたくさん書けていました。感心と同時に、練習の成果が出せてほっとしました。

　ドレミファ集会では、トップバッターにも関わらず、とても堂々とした態度で臨むことができました。素晴らしい発表だったと感じます。素敵な発表に、素直に感動してしまいました。保護者の皆様の温かい拍手は、子どもたちにとっても嬉しかったのではないかと思います。本当にありがとうございました。

漢字50問テスト実施！

　2学期末の漢字の50問テストを来週の<u>12月7日（火）</u>に行います。プリント等を配りますが、コピーして使ったりノートに練習したりするなど、練習方法を工夫して学習のまとめをしていただければと思います。

オープンスクールとドレミファ集会の様子を伝えています。学年で40人に満たない子どもたちでした。「少人数でもやりきった！」ということを保護者にも伝えた通信です。

第19号

言葉の力

平成２４年度
富津小６年１組
学 級 便 り
24年5月29日

優勝から何を学ぶのか・・・

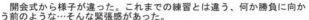

　開会式から様子が違った。これまでの練習とは違う、何か勝負に向かう前のような…そんな緊張感があった。

　私は、開会式進行のために、みんなとはほとんど話すことができなかった。しかし何だか「焦りや不安」というよりも、「安心した気持ち」で運動会を迎えることができた。それくらい、みんなの様子は落ち着いていた。「やってくれるだろう」という変な自信もあった。

　結果、グッドマナー賞を手にしたのは赤組。とても嬉しかった。「よく頑張った！」という気持ちでいっぱいだった。これまで、４月から積み上げてきたことや、こつこつ毎日続けてきたことが現れた結果だったと思う。

　優勝も、各学年の頑張りが結果として表れた。予行練習では負けていたにもかかわらず、本番ではたくさんの逆転劇を見せてくれた。きっと、予行練習からたくさん練習したのだろう。組体操も、全部のタワーが立ったときには鳥肌がおさまらなかった。本当に感動した。

　みんなは、この運動会での「優勝・グッドマナー賞」から何を学ぶだろうか？続けることの大切さ？いつでも本気で取り組むこと？友だちと声をかけ合う必要性…？

　この運動会で学んだことを、これからの生活に生かしていこう。きっとできる。ここからだって、信じてる。

　保護者の皆様、お忙しい中、運動会の参観ありがとうございました。子どもたちも、結果以上の素晴らしい頑張りを見せてくれました。運動会の取り組みを通して大きく成長することができました。これからも、子どもの成長を第一に指導していきたいと思います。今後ともよろしくお願いいたします。

毎年，運動会の集合写真が一番好きです。勝っても負けても爽やかだからです。この通信では，「ゴシック体」がメインで子どもたちへのメッセージが中心になっています。（47ページ参照）

■最後の運動会「優勝」

　おかげさまで、運動会を終えることができました。温かいご声援ありがとうございました。教室に戻ってからは、全員で優勝旗を回しながら、「やったー！」「とったぞ～！」などと、一人一言ずつ叫んでいました。こんなにも清々しい運動会は、私自身初めてです。子供たちそれぞれにとって、運動会が充実したのではないかと感じています。

　「楽しいか、楽しくないか」ではなく、「楽しもうとしたか、楽しもうとしなかったか」の基準で臨んだからこそ、子供たちは「楽しもうとした」のであり、結果「楽しかった」のだと感じています。非日常で、大いに成長できたと感じます。今後、成長ノートでしっかりと振り返り、一人一人の内側へ寄り添いたいと考えています。

　早いもので、1学期が半分を折り返します。新たな目標を見据え、これからも一歩一歩を大切に成長していきます。

この運動会通信では教室での集合写真を使っています。教室で喜びを共有してから撮った1枚だからです。文章は「明朝体」で保護者向けになっています。

若竹の如く

平成30年6月4日（月）No.29
〇〇市立〇〇小学校　6学年
〜有終の美を飾る9人の6年生〜

運動会が終わりました

　運動会ご苦労様でした。小学校生活最後の運動会はどうだったでしょうか。充実した運動会にすることができましたか。

　私は本部にいて慌ただしくしていたため、みなさんとはほとんど話すことができませんでしたが、安心した気持ちで運動会を見ていました。そのくらいみなさんは練習時から一生懸命やっていましたし、きっと大丈夫だろうという信頼があったからです。

　運動会を終えて、優勝赤組、応援賞白組という結果が出ました。どちらの組もよく頑張ったと思います。4月から積み上げてきたことや、毎日こつこつ続けたことがどちらの組にも表れたのだと思います。

　みなさんはこの運動会から何を学びましたか？　続けることの大切さ？　本気で取り組むことの大切さ？　友達と声を掛け合うことの大切さ？　リーダーシップとフォロワーシップ？　この運動会で学んだことをこれからの生活に活かしていきましょう。ここからが大切です。みなさんならここでの学びを無駄にしないと信じています。

　お忙しい中、運動会の参観、役員としての運営へのご協力ありがとうございました。おかげさまで子どもたちも大きく成長することができました。これからも子どもたちの成長を第一に考え、指導していきたいと思います。今後ともよろしくお願いいたします。

　　　担任のつぶやき：先生になってから8年間、運動会の担当は「応援団」です。

　菊池道場でともに学んでいる菅野雄太先生から提供していただいた学級通信です。赤白両者が集合できるという小規模校ならではの1枚になっています。

平成29年度に同学年を組ませていただいた礒貝玲子先生から提供していただいた学級通信です。
子どもたちが書き，発信するという意味で，学級通信が教室の文化になっています。

はじめの一歩

波岡小学校
第6学年2組
学級便り第53号
H29年10月24日

「全員で」にこだわり、歴史を積み上げる26人・一人も見捨てず成長し合い、仲間と喜びを分かち合う26人

■修学旅行の価値とは何か

　　教室へ行くと、修学旅行へ行ってきた想定で書かれた黒板が迎えてくれました。ひとつひとつの言葉がばらばらではない、まとまりのある温かい黒板だなと感じました。

　　台風の影響で延期になってしまった修学旅行では、各家庭へご心配ご迷惑をおかけしてしまいました。大変、申し訳ありませんでした。

　　私も、それ相当の準備をし、腹をくくっていた一人です。「何としてもプラス（成長）にして帰ってきてやる」と意気込んでいました。しかし、子供たちにとって安全第一が最優先事項だと考えました。

　　これまで、「修学旅行で」「子供たちを」育てていくという考えが当たり前だと感じていました。でも、今回の延期や、昨日登校してきた子供たちの様子を見て、「子供たちが」「修学旅行を」育てていると感じました。私の中で、「修学旅行」というものの価値がガラリと変わり、今は12月の修学旅行がとても楽しみになっています。

　台風直撃に伴い，修学旅行が延期になった翌日の通信です。子どもたちは，自分たちで「おかえり黒板メッセージ」を完成させていました。貴重な経験でした。

平成３０年度　木更津市立波岡小学校　第６学年１組　古舘学級
学級・学年便り「Life is beautiful」**第１１９号**（2018.11.2 発行）

Life is
Beautiful
2018~2019
61 plus
R

全員で素直に学び合う姿が美しい 38 人
　仲間と一緒に高め合い 成長し合う姿が輝く 38 人 の記録！

■修学旅行に行ってきました

　快晴の中、２日間の修学旅行を終えました。保護者の皆様には、準備から送り迎えまで様々なご
協力をいただき、ありがとうございました。また、交通事情等による到着の遅れでご心配もおかけ
しました。申し訳ありませんでした。

　子どもたちは、予定通りに行程を終え、充実した１日目を過ごすことができました。２日目は、
だんだんと疲れが見え始め、足取りが重くなりましたが、きちんと話を聞いたり作業に取り組んだ
りする様子が見られ、立派な態度だと感じました。

　修学旅行は、２日間生活を共にするということで、お互いの良い所が見える反面、課題も見えて
しまいます。当然、良さは成長の土台にし、課題は改善に向かわせる必要があります。修学旅行の
位置づけは、「自分達の現在地を知る」ということになると考えます。きっと、またステップアップ
できます。

　子どもたちは、思い思いに買い物を楽しんだり、食べたり…、食べたり…していました。限られ
た時間と予算の中で一生懸命悩み、過ごした時間は、輝く思い出になったと思います。

　気づけば 11 月。６年生 115 日目を迎えました。マラソン練習も始まり、音楽集会のための取り組
みもスタートしています。６年生も残り５カ月（82 日）です。

修学旅行の様子を，集合写真と文章で伝えています。修学旅行の振り返りとともに，他の行事
や卒業までの日数を入れることで，年間を見通した成長の位置とします。

アクティブ

白熱し、意見を受け止め合う25人・お互いを信頼し合う25人

波岡小学校
第6学年2組
学級便り第61号
H28年11月4日

■ 修学旅行紀

小田原城は改装されており、見ごたえがありました。
杉並木の大木は、歴史を感じることができました。

関所資料館や関所では、実際に当時の様子を感じることができました。
海賊船は、景色もよく楽しく過ごしました。

時間を守り、食事会場へ。「待つ」姿勢がとても素晴らしかったです。
豊富な夕食メニューと共にティータイムを楽しみました。

リーダー会議では、初日の反省をしました。協力できた面と改善点について前向きに話し合い、翌日への意欲につなげました。
実行委員を中心に「自分たちで」進めていきました。
学校で日頃から培った力が発揮されていたように感じました。

修学旅行の主な活動の場面を小分けにして紹介しています。「〜でした」のように，事実のみを伝えており，担任の思いは最小限にしています。

若竹の如く

平成30年10月24日（水）No.71
〇〇市立〇〇小学校　6学年
〜有終の美を飾る9人の6年生〜

修学旅行

　修学旅行に行ってきました。とてもよい修学旅行にすることができました。

　1日目はリニア見学センターを見学し、富士急ハイランドで楽しみました。その後、水陸両用バスKABAに乗り、ホテルへ行きました。

　リニア見学センターでは、リニアモーターカーの仕組みを学び、実際に走行実験をするところを見ることもできました。リニアモーターカーが時速500Kmという速さで走行するのを見てとても驚いていました。

　富士急ハイランドでは、人も少なくあまり並ばずにアトラクションに乗ることができました。FUJIYAMAなど絶叫系を楽しむ班、リサとガスパールなどでのんびりと空中散歩を楽しむ班など、それぞれの班に合わせた楽しみ方をしていました。

　水陸両用バスKABAでは、山中湖周辺の自然の様子や山中湖に眠る伝説などについてガイドをしてもらいながら見学をしました。千葉県に比べ気温も低く、窓がないバスだったので少し寒い中でしたが、雄大な富士山周辺の自然の様子について学ぶことができました。

　その後、ホテルに向かいました。ホテルでは時間に余裕がありのんびりと過ごすことができました。ホテルでの子どもたちの様子でとくに印象的だったのは、2つの学校の壁を感じなかったことです。1部屋に集まって、人狼ゲームやUNOをして楽しみました。その様子はまるで1つの学級のように見えました。

　ホテルでの過ごし方も◎でした。マナーを守り、就寝時刻には静寂な雰囲気になり、安心して見ていることができました。

　2日目は朝の散歩からのスタートでした。6時の起床時刻には元気に揃いました。天気が悪く見ることができなかった富士山もこの時間だけ奇跡的に顔を出して、頂上まで見ることができました。

　その後、朝食、ホテルの方への挨拶を経て出発後、箱根関所に到着しました。関所到着後、班別行動をスタートしました。関所への到着が遅れた関係で、計画を変更することになってしまいましたが、臨機応変に対応し班別行動を行いました。

　私は彫刻の森の担当でしたが、班別行動の様子も随時先生方同士で連絡をとっていたので子どもたちの様子を知ることができました。先生方から「〇班〇〇を通過」という連絡が計画に沿ってしっかりと入ってきました。その連絡から子どもたちが予定通り行動をとることができていることがわかり、安心することができました。

　そして全班が遅れることなく、生命の星地球博物館でゴールすることができました。

　最後に子どもたちが成長ノートに書いた感想を抜粋して紹介します。　　※裏面へ

　担任のつぶやき：私の今回の自分へのお土産は富士急で購入したパーカーでした。（家族へは温泉まんじゅうを買いました）

　菊池道場でともに学んでいる菅野雄太先生から提供していただきました。写真を載せたい気持ちを抑え，あえて文章のみで修学旅行を伝えているところが素敵です。（※裏面は掲載なし）

UNITY

富 津 小 学 校
第 4 学 年 1 組
学級便り 第189号
Ｈ22年3月5日

キッザニア活動の記録

行ってきます！
どこから行こうかな？

バッチリ！カメラマン！
素敵に変身です！

うんうん。なるほど。
大和証券…難しい…

やっぱり疲れたらご飯！
ハンバーガーだね！

パソコンを使って印刷！
使い慣れてます！

私の得意なことは…
名刺作成中！

名刺完成！
きれいにできました！

働きすぎました！
100キッゾゲット！

みんな、いい笑顔で体験活
動に臨んでいました。きっ
と、一生の思い出になった
に違いありません！

校外学習で，豊洲にあるキッザニアに行ってきた報告通信になっています。このときは班ごと
の活動だったので，全8班分を小分けにして，活動の様子をセリフ風に載せました。

 富 津 小 学 校
第3学年1組
学級便り 第109号
H23年1月24日

驚き！発見！消防署見学！

　先週の金曜日に、消防署見学に行ってきました。家庭でも話題になったでしょうか。消防署では、2クラスが男女に分かれ、4グループで見学してきました。
　見学は、「消防管制室」「消防車」「救助車」「救急車」の4か所をグループで交互に見学し、担当の方に説明していただきました。少人数グループということもあり、たくさん質問することができたようです。とてもよい学習になったと感じました。

　また、消防車に乗せていただいたり、実際にホースを出すところを見せていただいたり、貴重な体験もしてきました。最後には、大型のペンチで鉄パイプを切断する様子を見せていただきました。放水の様子も実演していただきました。見せていただくたびに歓声や拍手が起こり、とても嬉しそうな様子で子どもたちは見学していました。

```
　　来週の予定
25日（火）クラブ見学15：40下校
26日（水）木曜日課　14：45下校
27日（木）水曜日課　15：40下校
29日（土）縄跳び大会・授業参観　15：40下校
```
下校時刻を確認してください。

3年生を担任した際の通信です。消防署見学の際，「せっかくなら消防車の前で写真が撮りたい」と，消防署の方にお願いして撮った1枚です。教室にも大きく掲示しました。

やってみよう

助け合い 注意し合い ゆずり合いのできる27人の学級
みんなが心優しく 笑顔ある27人の学級

小学校
4年学年学級だより
No. 4 3号
H30. 10. 18
文責：渡辺

佐原の町

　11月6日（火）の校外学習に向けて、皆さんは伊能忠敬や佐原市について調べています。佐原校外学習の実行委員は昼休みを使って、会の準備やバスレクの内容について話し合っています。

　昔ながらの町並みを見学できます。いろいろなお店が立ち並び、皆さんの興味を引くものがあるかもしれません。どんな学びがあるのか、ワクワクしながら、当日を迎えられたらいいですね。

　今年の夏に先生が一足先に佐原市へ下見に行ったときに撮った写真を載せます。

職場の後輩として着任してきた渡辺大貴先生から提供していただいた学級通信です。校外学習の「報告通信」は書くことがありますが，「予習通信」は書いたことがありません。斬新！

令和2年度　　　小学校
6年4組　学級通信
R2.11.16　NO.13

Intimo

宮沢賢治記念館・花巻市博物館に行ってきました！

　かなり前になりますが…国語の授業で「やまなし」の学習をした際に「宮沢賢治さんをよく知らない」ということが明らかになりました（ちょっと意外で驚きでした）。賢治さんの生い立ちを学ぶ中で、「知らなかった〜」「そうだったの？！」という声が飛び交いました。新しく何かを知ることは楽しかったです。私だけでしょうか（笑）。また、先日「賢治セミナー」があり、「どんぐりと山猫」の読み聞かせや、ピアノとフルートの演奏を聴きました。

　その流れを受け、11日の校外学習に行ってきました。まず、宮沢賢治記念館を見学しました。特に「やまなし」の中に出ていた「金剛石」が置いてあったので、食いつくように鑑賞していました。展示していた石達をみて、「石っこ賢さん」と呼ばれていたことが分かったようです。また、「やまなし」の中で「クラムボンは笑ったよ」と書かれている部分がありました。しかし、展示してある原稿の中では「立ち上がって笑ったよ」と表記されていました。その違いを発見し、とても嬉しそうでした。賢治さんについて、より詳しく知ることができました。

　次に向かったのは花巻市博物館です。企画展の中で一番人気があったのは「刀」でした。切れ味の良さそうな刀に興味津々。また、南部家で代々大切にされてきた刀は「鷹」や「鳳凰」がモチーフになっていて、「かっこいい！」という声があがっていました。常設展では、社会で習ってきたことが盛りだくさんで、見て回るのが大変そうでした（笑）。子ども達に聞いてみると、博物館の方が楽しかったようです。

　どちらの施設も、クイズに答えながら楽しみ、一生懸命メモしていました。修学旅行でもつけてきた「メモカ」がぐんぐん伸びているなあと感じました。充実した半日となりました♪

学習発表会、ありがとうございました！

　子ども達の全力。伝わったでしょうか。今回の劇をするに当たって、私自身の震災・津波の経験を子ども達にたくさん語り継ぎました。その事実はとても重く、受け止めきれないものもあったと思います。しかし、そのたびに子ども達の「この事実や思いを自分たちが伝えていく」という気持ちが強くなっていきました。

　本番では色々な思いを抱えながら、最後まで堂々と、全力でやりきっていました。担任として、子ども達の成長に感動しました。しかしそれ以上に、「震災を真剣に伝えようとする本気の姿」が、震災経験者としてほんっ…とうに嬉しかったです。涙が止まりませんでした。教室に戻ってきたときの子ども達の笑顔が全てを物語っていたように感じます。4組のみんな、心から、**心から**感謝しています。本当にありがとう！

　令和2年度に同学年を組ませていただいた小原綾先生から提供していただいた通信です。国語や社会の学習，修学旅行の経験をつなげて成長を実感させているストーリーが素敵です。

平成３０年度　木更津市立波岡小学校　第６学年１組　古舘学級
学級・学年便り「Life is beautiful」第１２号（2018.4.24 発行）

197 日の「人生」における、子どもたちの輝く笑顔、
すなおな心、たくましい姿をお伝えする魂の記録！

■ １年間お世話になります。そして、ありがとうございました！

　先週は、授業参観及び懇談会、PTA 総会に参加いただきありがとうございました。多くの方々に見守られながら、この１年を過ごしていけると思い、本当に心強かったです。子どもたちの様子はどうだったでしょうか。たった３週間 11 日の登校日数です。なかなか成長が見られないところもあるかもしれません。しかし、子どもたちは少なからず成長しています。それは確かです。５月、６月…と時間がかかるかもしれません。それでも粘り強く見守っていきたいと思います。

　４校時に授業参観の続きを少し行いました。「人としてどう生きるため？」を考えるためです。

　「素晴らしく生きる・素敵に生きる・素直に生きる・美しく生きる・堂々と生きる・元気に生きる」など、一生懸命考えました。「心のルール」を守ること、学級の秩序を保つことを大切に、ルールとマナーを考えていきたいと思います。

　授業参観で例として出した「教室のごみ問題」を考えてくれたのでしょう。その日の放課後に、掃除をして帰ってくれた子がいました。

　「ルールだからやるの？」と聞くと、「楽しいからです！」と答えてくれました。きれいな教室で過ごすことは楽しいことです。みんなのために自分の力を使うことは楽しいことです。また１つ、子どもたちから学びました。「ありがとう」の毎日です。

　４月の授業参観の様子を伝えた通信です。板書をそのまま載せました。授業参観のスピンオフ的に放課後の様子も伝え，道徳的実践力のような側面を紹介しています。（13ページ参照）

若竹の如く

平成３０年１１月１３日（火）No.80
〇〇市立〇〇小学校　６学年
〜有終の美を飾る９人の６年生〜

授業参観・懇談会・校内音楽会

　今週は授業参観、懇談会、校内音楽会が行われます。よろしくお願いいたします。授業参観と懇談会の内容についてお知らせします。内容は以下の通りです。

〇授業参観

　展開内容：道徳「海難１８９０」

　「海難１８９０」は１８９０年に実際に起こったエルトゥールル号事件と１９８５年イラク戦争時に起きた「無差別航空機攻撃宣言」の２つの時代について描かれた映画です。エルトゥールル号事件が起きた時に行った日本人の行動がきっかけとなり、１９８５年にイランに取り残された日本人の命をトルコの人々が救います。

　映画「海難１８９０」を題材に親切とは何か、真心とは何かを話し合いを通して考えていきます。

　子どもたちの話し合いの様子や道徳の授業の様子をご覧ください。

〇懇談会

①子どもたちの普段の様子について（生活面、学習面から）…写真と動画を交えてお話をしたいと思います。

②担任として心がけていること…子どもたちとの関わり方で気をつけていることをお話しします。また年齢的に思春期の始まりです。思春期の子どもとの関わり方を一緒に考えられたらと思います。

③今後の成長について…卒業式までに子どもたちをどのように成長させたいのか展望をお話しします。

④保護者の皆様から…先日の全国学力学習状況調査の結果から、学力と生活習慣の関係について問題提起されていました。そこで、子どもたちの生活習慣の様子について懇談できたらと思います。①スマホの関わり方　②就寝時刻　③朝食　について意見交換できたらと思います。

　　４０分と短い時間ですが、充実した時間にできたらと思います。よろしくお願いいたします。

担任のつぶやき：海難１８９０、予告編だけで涙が出そうになる映画です。

ともに学んでいる菅野雄太先生から提供していただいた学級通信です。懇談会の見通しをもてるようにするために内容を紹介しています。参加する保護者も増えそうな内容です。

3-1ファミリー！

小学校３年１組
学級だより NO．10
令和２年６月２５日
担任　小野　貴仁

■みんなで楽しく学ぼう！　～　算数　わり算クエスト　～

　　今回の3-1ファミリーは算数の授業紹介です！参観している気分で読んでいただければ幸いです！

算数「わり算」～　答えが１０をこえるわり算はどのように考えれば良いか　～

（学習活動→☆　教師→Ｔ　子供→Ｃ）

☆前回の復習をする
　答えが九九にない場合の問題
☆今回の問題を確認する

> ３こで６０円のチョコレートがあります。チョコレート１こ分は何円ですか？

Ｔ：式はどうなりますか？
Ｃ：60÷3です
Ｔ：今回は「60÷3モンスター」です！前回のモンスターからどんなところがレベルアップしているかな？
Ｃ：九九から数えると大変になる！
Ｃ：答えが１０を超えてしまう！
☆今日の学習問題を設定する

> 答えが１０をこえるわり算はどのように考えればよいだろうか？

Ｔ：前回ゲットしたアイテムではモンスターを倒せませんね。今回もみんなでアイテムを作ってモンスターを倒しましょう！
Ｔ：今回のミッションはこの学習問題に答えることです。
Ｔ：まず式の答えがわかったら前に来ましょう。〇をもらったらなぜその答えになったのか言葉や図で、説明しましょう。
Ｃ：０を取って、最後に０をつける
Ｃ：１０が何個分かで考える
Ｃ：かけ算にして考える
☆子供が前で説明する
Ｔ：今回のアイテムをみんなで作りましょう！
☆まとめを全体で考える

> ・かけ算で考える
> ・１０が何個分かで考える

Ｔ：見事！モンスターを倒すことができました！実際にアイテムを使ってみましょう。
☆練習問題を解く
☆学びの振り返り

　菊池道場でともに学んでいる小野貴仁先生から提供していただいた学級通信です。教師と子どものやりとりを臨場感たっぷりに紹介し，授業記録として貴重な１号です。（13ページ参照）

はじめの一歩
〜リセット・リスタート・チャレンジ〜

波岡小学校
第6学年2組
学級便り第8号
H29年4月25日

■授業参観ありがとうございました

　6年生になってはじめての授業参観でした。私自身とても緊張しましたが、子供たちの頑張りに助けられました。

　なぜ、今回「言葉」をテーマに授業をしたのか。それにはいくつか理由があります。

①人は言葉を介してコミュニケーションをとるため
②言葉遣いは、人としての成長を促すため
③子供たちと、自分たちの言葉遣いを確認するため
④保護者の方々と共に、言葉の力を考えたかったため

　上記のような理由があり、今回は「学校にあふれさせたい言葉・なくしたい言葉」を考えました。また、5つ目の理由として、新年度4月に私自身が大切にしたいことを子供たちと共有するためでもありました。

　私の感覚では、学級・学校の「荒れ」は「言葉」から始まると考えています。美しい言葉、柔らかな言葉遣いの中では、マイナスの空気は生まれないと考えるからです。

　子供たちはよく頑張りました。この13日間でよく「変化」しました。「変わる」ということは、とても勇気の必要なことです。現状を常に打開し続け、向上的変容を繰り返すことは簡単な決心ではできないからです。

　4月が終わろうとしています。子供たちの表情は、日に日にたくましくなっています。

　菊池省三先生のご実践である「白い黒板」を授業参観で行った記録です。言葉の大切さを考えたいと思いました。参観された評議委員の方も，温かく見守ってくださいました。

アクティブ
～子どもたちの輝く姿～

波岡小学校
第6学年2組
学級便り第2号
H28年4月8日

■『一人が美しい』ということ

　始業式、子供たちと話せた実質の時間は15分程度でした。入学式の日も同じで、じっくりと話す時間はほとんどとれませんでした。その分、掃除の時間や式の時間、入学式準備の時間など、作業の時間が多くありました。

　そんな中で、輝く姿を見つけたことも事実です。入学式の歌練習では、体全体を使って歌う子がいました。校長先生のお話の時には、スッと体の向きを正対させる子もいました。教室に戻っても整然と座る様子が素晴らしかったし、入学式の準備では自分の役割を一生懸命に行う子がいました。自分から進んで1年生用の椅子の座面を拭く子がいました。本当に感動しました。

　これらの場面のように**「その時、自分がやるべきことに一生懸命になる姿」**のことを、**『一人が美しい』**と言います。これからも、一人が美しい場面をたくさんみつけていきたいと思います。

■ 新しい仲間が増えました

　ご家庭で話題になったかもしれません。転入生1名が6年2組で共に学ぶことになりました。学級に入るとき、男子が寄り添う場面が見られ、優しく迎えました。とても温かいなあ…と感じました。何度も「よろしくね！」とあいさつを交わしている様子は、とても輝いていました。これからもよい関係性を築き、高め合っていきたいと思います。

■「今年度がんばりたいことと不安・心配なこと」

　上のようなテーマで作文を書かせました。子供たちのやる気に寄り添うと共に、少なからずあるであろう不安や心配にも寄り添いたいと思ったからです。

　頑張りたいことには、「苦手な算数の勉強を頑張りたいです。」など、勉強面に関することが多くありました。学習への意識が高いと感じました。子供たちの学力が少しでも高まるように指導していきたいと思います。

　不安や心配なことについては、「6年生の勉強についていけるか・・・」や、「友だちとの関係が・・・」などを素直に書いてくれました。自分の不安なことを書き出すことは勇気が必要なことです。まだ2日目なのに、本当に嬉しく思いました。

　改めて、子供たちの心に寄り添った指導をしていきたいなと思いました。

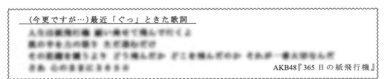

（今更ですが…）最近「ぐっ」ときた歌詞

AKB48『365日の紙飛行機』

　　　＊ AKB48『365日の紙飛行機』を聴きながら

始業式では，「頑張ろう！」「楽しみ！」と，「心配だな……」「不安だな……」と思うことを共有するようにします。ネガティブな心にも寄り添える教室でありたいです。

Are you ready?

富津小学校
第6学年2組
学級便り第21号
H23年9月1日

スタートダッシュが大事！

　台風の影響で1日早まった夏休みがあっという間に過ぎ、いよいよ2学期がスタートしました。

　学年便りにも書かれたように、2学期は修学旅行を始めとした様々な行事があります。また、自分たちの行事だけでなく、6年生として学校全体をリードしていく場面も多々あります。気持ちの準備をしっかりと行い、生活リズムを取り戻し、1学期のようなメリハリのある学校生活を送れるようにしていきたいと思います。

　2組のみなさんへ、何事もスタートが肝心です。毎日が大切な1日です。生活のリズムを整えたり、学習のルールを再確認したりと、夏休み明けですが、少し大変で、窮屈に感じることがあるかも知れません。でも1学期はできていたことです。みんなで注意し合いながら、よりよいクラスをつくっていきましょう。

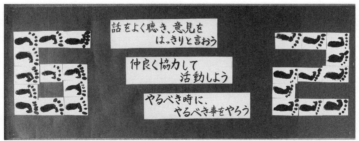

話をよく聴き、意見をはっきりと言おう

仲良く協力して活動しよう

やるべき時に、やるべき事をやろう

★　話をよく【聴き】、意見をはっきりと言おう！
★　仲良く【協力】して活動しよう！
★　やるべき【時】に、やるべき【事】をやろう！

　　いつも「意識」しておくことが大事！！

2学期の始業式の日の通信です。学級目標を再確認しながら，学級の進むべき方向性を確認しています。タイトルの意味も込めて，「リスタート」を意識しました。

若竹の如く

平成30年4月6日（金）
No. 1
〇〇市立〇〇小学校　6学年

始業式を終えて…

　進級おめでとうございます。再び担任となりました。菅野雄太です。始業式を終えた感想はどうでしょうか。先生は最上級生となったみなさんと、再び一緒にいろいろな活動ができるのがとても楽しみだと思っています。今年度もよろしくお願いします。昨年度以上に充実した1年になるように、ともにがんばっていきましょう。

～プロフィール～
名前：菅野雄太（かんのゆうた）　※管←×　菅←〇
出身：千葉県〇〇市　　〇〇市の給食しか食べたことがありません！
趣味：読書　旅行　　今年は娘と一緒に飛行機に乗るのが目標！
特技：柔道　　　　　四段を持っています。

4月の行事予定について

月	火	水	木	金	土
2	3	4	5	6 始業式　着任式	7
9 入学式	10	11	12	13	14
16	17	18	19	20	21
23	24	25	26	27	28
30	※予定などは空欄にしています				

　お子様の進級、おめでとうございます。再び担任として一緒に活動ができるのを嬉しく思います。もし学級の様子、便りの内容のことでご不明な点やご心配な点などがあった時には、お気軽にご相談ください。また、今年度も至らない点があるかと思います。ご協力、よろしくお願いいたします。

☆学年便りの読み方
　ＭＳ明朝…お家の方向け　ＨＧ丸ゴシック…子どもたち向け
今年度は子どもたちにも読んでもらえる学年便りを書いていきます。よろしくお願いいたします。

菊池道場でともに学んでいる菅野雄太先生から提供していただきました。学年通信の役割もあり行事予定が入っているため，タイトル説明などは第2号（77ページ）に入っています。

~クラスの願いを叶えよう~

小学校
学級通信　第1号
令和2年4月7日（火）
発行責任者：髙橋朋彦

1．自己紹介

名前　　　：髙橋朋彦
好きな食べ物：ラーメン、カレー、すし
苦手な食べ物：すいか
得意な教科　：算数
最近見た映画：アナ雪2、スターウォーズ
よく見るテレビ：ディズニーチャンネル
　　　　　　　　ジブリ系も好き

自由記述

2．学級通信について

　6年生のみなさん、どうぞよろしくお願いします。学級通信のタイトルは『ウィッシュ』です。日本語にすると「願い」になります。よいクラスは教師だけでも子どもだけでもつくることはできません。子どもと教師で力を合わせてはじめてよいクラスをつくることができます。

　そこで、この学級通信のタイトルには、子どもと教師の「願い」を共有してクラスの「願い」とし、共に成長していこうという想いが込められています。先生は、

人と人とが大切にしあえるクラスにしたい

と考えています。みなさんはどんなクラスにしたいですか？　みなさんの願いと合わせて、一緒によいクラスをつくっていきましょうね☆

保護者のみなさまへ

　大切なお子様を1年間お預かりいたします。おうちの方々の「願い」も合わせ、子どもと家庭と学校が協力して成長のできる1年にしていきたいと考えています。学級通信は、上段を子ども向け、下段の明朝体を保護者のみなさまへ向けて書いていきます。学級の様子や私の考えを共有できれば幸いです。どうぞよろしくお願いします。

「ちょこっとシリーズ」を一緒に書いている髙橋朋彦先生から提供していただきました。自由記述欄があり，子どもたちに通信に対する参加意識が生まれる内容です。（47ページ参照）

富津小学校
第3学年1組
学級便り 第131号
H23年3月24日

1年間ありがとうございました

smile を出して一年。一年間の時の早さに、正直とても驚いています。

1学期。全員を席に座らせることから始まり、集団として団結させることが可能なのかどうか、心配で仕方がなかった4月。運動会を通して、子ども達の「力」を感じることのできた5月。だんだんと指示が一回で通るようになり、よりよい学習ができるようになってきた6月。そして、記録的猛暑に見舞われた7～9月。

2学期。校外学習を通して班活動や友だちとの関わり方を学び、大きく成長することのできた10月。長期にわたるマラソン練習で体力を向上させることのできた11月。12月のクリスマスパーティーでは、子どもたちだけで話し合いを進めることもできるようになりました。

3学期。縄跳び大会に向けて頑張り、優勝もクラスの目標も達成できた1月。ありがとうさようならの会に向けて初のオープニングを担当することになった2月。そして、4年生へ向けて気持ちを高めることのできた3月。

子どもたちとの一年の記憶があまりにも鮮明で、これほどまでに一年を早く感じた年はないのではないかと感じています。一つひとつの思い出が、子どもたちにとってかけがえのないものであってほしい。そして、これからの学校生活でも、これまで以上に「らしさ」を出していってほしいと心から願っています。

明るく、まっすぐで、思いやりがあり、温かい気持ちを持った子どもたちと出会えたことが本当に幸せです。また、保護者の皆様には多くの面でご協力いただけたことに感謝しています。

今年度、学級便りを **smile** にしてよかったと思います。子どもたちと一緒に笑顔で過ごせた一年間、本当にありがとうございました。

1学期から順に思い出を綴っています。文字が多いので，読みやすくなるように点線を引いて区切っています。思い出写真の挿入は必須です。

平成３０年度　木更津市立波岡小学校　第６学年１組　古舘学級
学級・学年便り「Life is Beautiful」第１９９号（2019.3.15 発行）

みんなのことを　みんなで考え　みんなで高まる　61R
一瞬一瞬にプラスをつくる 38 人・自分思い 友だち思いで すなおな 38 人

古舘からの 卒業証書 （最終日）

　４月の出会いから１年。197 日目を迎えました。この１年は、みんなにとってどのような１年だったでしょうか。長かったですか？　短かったですか？　おもしろかったですか？　つまらなかったですか？　温かかったですか？　冷たかったですか？　きっと、37 人それぞれに、それぞれの感じ方があり、何と言ってよいかわからない感情だと思います。

　この１年、「言葉」を大切にすごしてきました。ディベート、対話・話し合い、白い黒板、バラスーシカード、ほめ言葉のシャワー、成長ノート…。言葉にすることで、みんなの気持ちを見えるようにしてきました。でもね、全部が全部「言葉にする」必要はないとも思っています。

　今みんなが心の中に抱えているその感情は、きっと簡単に言葉にすることは難しいと思うからです。言葉にしてしまうことで、その感情が薄っぺらくなることだってあります。だから、今はその気持ちを噛みしめなさい。今、どう表現したらよいかわからないその気持ちに、きちんと向き合いなさい。

　そして、今を、これからをしっかりと見つめなさい。周りにいる友だち。いつだって愛してくれた家族。太陽の温かさや風の気持ちよさ、春のにおい、光のまぶしさを感じなさい。目を向ければ、みんなの周りには美しいものがたくさんあります。その美しさの中で、成長し続けなさい。Life is Beautiful。君たちの明日は輝いている。卒業おめでとうございます。

卒業式に合わせて黒板を書きました。学級通信のタイトル（その年の学級テーマ）を中央に描き感謝の気持ちを伝えました。最後の通信は「古舘からの卒業証書」としています。

めあて 3/24(火)
6年2組に感謝しよう。

も力強く、熱い風でした。

そして驚いたことに、急に決まった休校を受けた卒業式前の最終日にもかかわらず、あなた方は私へのメッセージブックを完成させていました。造花の花束も…です。大したものです。

本来ならば、あと十四日あったはずなのに…。

さらに、あなた方が下校した二月二十八日には、すでに三月二十四日の「今日のめあて」が書かれていました。「六年二組に感謝しよう」でした。休校期間、この日を信じて頑張ろうと思えました。

何事にも感謝できる心があれば、この先どんな困難や苦難も乗り切れます。そうした心構えが、人としての土台をつくっていくからです。

そんな感謝の心に満ちあふれる、日本一の六年二組34名（○○を入れて35名）の卒業をここに証します。卒業、おめでとうございます。

あなた方を一生忘れません。一年間ありがとうございました。中学での活躍を期待します。

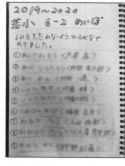  

新型コロナウイルス感染防止のため休校の間に単発で行われた卒業式でした。教室で過ごしてきた成長の足跡を確かめ，中学校へ旅立つ子どもたちへのメッセージにしました。

令和元年度 花巻市立 若葉小学校 六年二組 学級通信

なんどでも

2020.3.24 発行
最終号
文責　古舘良純

古舘からの

卒業証書

いよいよ三月に入ろうかという二月末、あなた方に下された決断は「休校」でした。突然の報告に、なかなか現実を受け入れられないまま給食を食べ、荷物をまとめて下校して行きました。あれからもう、四週間も経とうとしています。

あれから私は、あなた方が来ることのない教室を掃除しました。掃き掃除をして、水拭きをしました。棚の上も、机の足も、ロッカーや黒板なども…。無心で何も考えずにただただ掃除をしました。

するとどうでしょう。この一年間のあなた方との思い出がたくさん蘇りました。四月の、あの頃の気持ちを思い出したのです。

ロッカーを掃除していると、あなた方の名前シールを貼ったことを思い出しました。一人ひとりの名前を必死に覚えながら貼ったことを今でも覚えています。

棚を整理していると、本が目につきました。たくさんの文章に触れて欲しいと思っていました。言葉を大切にし、あなた方が豊かな心を育んでいくことを願っていました。

脚立に乗りながら小窓を拭きました。写真を貼った時のことを思い出しました。「一年かけてこの壁を一杯にするんだ」と心に決めたことを懐かしく思いました。今はもう無いあの写真たちを思い出すと、何だか寂しい気持ちになりました。

黒板を掃除しました。いつも黒板の上部に貼ってあったネームプレートを思い出しました。全員が参加者になるためのネームプレートで〇か×か、何度も立場を決めて話し合ってきたことを思い出しました。

机を整頓し、床を磨いていると、この一年たくさん対話してきたことを思い出しました。三学期には全員でハイタッチしながら挨拶してきたことも思い出しました。たくさん立ち歩いて、移動して、関わり合いの中で学んできたことを思い出しました。

そして、ふと教室を見渡すと、高くそびえ立った「ひと、ぺん三百冊」がありました。これは、簡単に崩すことのできない、六年二組の大切な歴史そのものでした。

ちょうど一年前、この六年二組がスタートし、二つの学級目標を立てました。「笑顔たやさず支え合い SAを目指す34人」と『集団』として関わり合い 学びを加速させる34人』です。

この二つの目標に向かい、あなた方はたくさんの壁を乗り越えてきました。きっと、笑えない日があったはずです。支え合いほど難しいことはないと感じた日もあったはずです。集団になりきれるのかと疑問に思った日や、学ぶことの意味がわからなくなってしまった日もあったことでしょう。

それでも、授業が始まれば、関わり合って過ごす姿がありました。それは、これからの時代を生き抜いていくために必要な力がみんなに備わってきたことを意味していました。まさに、「新しい風」が吹き始めたのです。それはとて

平成30年度　木更津市立波岡小学校　第6学年1組　古舘学級
学級・学年便り「Life is beautiful」第56号（2018.7.2 発行）

Life is Beautiful 2018~2019 61R

全員で素直に学び合う姿が美しい 38 人
　仲間と一緒に高め合い 成長し合う姿が輝く 38 人 の記録！

■道徳授業の公開がありました

　木更津市の初任者を対象とした、道徳の授業公開研究会が行われました。子どもたちは、20 名近い大人に囲まれながらも、堂々と授業に臨んでいました。本当にたくましい姿だと感じました。ものおじせずに発言する姿勢、大人を巻き込んで対話する様子、話し合いと考える時間のメリハリをつけた態度など、全てにおいて成長が見られた授業でした。

　授業後の協議会では、初任者の先生方から「子どもたちの対話する様子が素晴らしかった」「クラスの雰囲気がとてもよく、ずっと教室にいたかった」「子どもたち一人一人がいきいきとしていました」「すごい！の一言です」「学級の掲示物が素敵でした」「教室に入った瞬間から驚きの連続でした」など、嬉しいお言葉をいただけました。

　これからも、全員で全員を伸ばし合える学級集団を目指そうと思います。

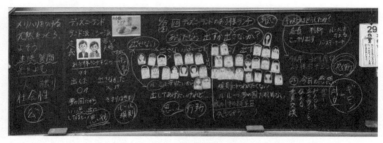

授業研究会や公開授業，講演会や出前授業など，子どもたちの頑張りを紹介するようにします。
子どもたちにとって「非日常の学び」を記録として残すようにしています。

若竹の如く

平成30年4月25日（水）
No.11
〇〇市立〇〇小学校　6学年

学級目標

みんなでスマイル会議を重ねてようやく学級目標が完成しました。

有終の美を飾る9人の6年生

とっても素敵な学級目標ができましたね。話し合いで皆さんから出てきた言葉もとてもよい言葉ばかりでしたが、その中でも特によい言葉が選ばれてよかったです。

有終の美とは

「物事をやり通し、最後を立派に仕上げること。結果が立派であること。」という意味です。物事のおしまいがとても立派である、立派な終わり方をした、ということです。
語彙力．ｃｏｍ（https://goiryoku.com/yusyunobi/）より

とても素敵な意味です。みなさんは今年「卒業」という大きなゴールがあります。そのゴールに向けてこれから一層がんばっていけそうな目標だと思います。

学級目標が決まった日に「学級目標が決まり…」というテーマで書きました。一部の人の成長ノートを紹介します。

・卒業式までに、目指したいこともわかったし、みんなと同じ場所を目指すから、がんばれるなと思いました。
・少しずつでも頑張って目標を達成できたらなと思いました。
・前向きになっていけると思います。理由はよい終わり方になれるようにしていけるからです。
・「有終の美を飾る9人」に決まって、卒業までこの目標に向かってがんばりたいです。
・「有終の美」という、良い意味の価値語を探しておいてよかったと思いました。

学級目標が決まり、より一層「がんばろう」という気持ちが湧いてきたのではないかと思います。これから、物事を決める時には「学級目標を達成するにはどうすればよい」という問いかけをみなさんにしていきます。

有終の美を飾れるように卒業式まで一歩一歩、歩んでいきましょう。

とても良い目標が完成しました。子どもたちが話し合いを重ねて完成した目標です。保護者のみなさんに卒業式で立派な姿を見せられるよう、常に学級目標を確認し自分たちの現状と照らし合わせていきたいと思います。

菊池道場でともに学んでいる菅野雄太先生から提供していただいた通信です。学級目標の紹介です。決定までの経緯をまとめることで子どもたちにとって成長の足跡になります。

学級通信　第11号
令和2年6月3日（水）
発行責任者：髙橋朋彦

1．朝読書、絶好調です！！

今日から本格的に朝読書が始まりました！！　朋彦先生が大切にしている朝読書の目的は次の3つです。
　　①落ち着いた1日を送るため
　　②心の中のよい言葉を増やすため
　　③活字に慣れるため
朝読書によって1日の過ごし方が変わってきます。今の取り組み方はとても素晴らしいものです。今後も大切に取り組んでいきましょうね。

2．提出物が揃いません

　毎日提出の健康観察カードがあります。こちらの提出が全員そろいません（汗）さらに今日は3日（金）が締め切りの健康調査票がありました。
　さて、「提出物が揃わないからダメな人だ」という事を言いたいのではありません。
　この提出物が揃わないという事が何に影響するのか考えられるようになってほしいのです。健康調査票も健康観察カードも保健室の　　先生が担当してくださっています。
　　先生はこれらの提出物を通して、みなさんの健康の調査をするという重大な仕事があります。提出物が揃わなければ、この仕事をきちんとこなせないという事なんです。
　みなさんにとっては、

【たかが忘れ物】

　確かにそうかもしれません。しかしその裏で困っている人がたくさんいます。
　その事実をしっかりと認識しましょう。
　このことに対して、真剣に向き合う必要があります。今までの小学校生活ではなんとなく過ごしてしまっていたかもしれませんが、大切な力です。確実に身につけていきましょう。
　「苦手な事」から大きな学びがあります。みなさんは次からどのように行動を変えて成長していきますか？

+*::::*:.｡.:.:* *:..o○☆☆　**日直キラリ　○○○○さん**☆☆○｡...:*:.:*°*::::*+` *

　算数の授業中に、発表を突然お願いしました。授業を真剣に聞いているので自信をもって答えられました。学習への前向きな姿勢でしっかりと力をつけているのだと思いました。授業も盛り上がって、うれしかったです。ありがとう。
　　　　　　　　　　　　　　　　　　　　　　　　　　　　　　　　　髙橋朋彦

「ちょこっとシリーズ」を一緒に書いている髙橋朋彦先生から提供していただきました。提出物が揃わない課題意識を子どもたちにもたせ，保護者への協力も暗に依頼しています。

小学校
第6学年1組
学級だより　第20号
H29年7月7日

<～6月の生活目標　沈黙の美しさ～>

先月の生活目標は、「廊下は静かに歩こう」でした。「沈黙の美しさ」を学級目標として取り組んできました。まだ「完璧」とは言えませんが、意識する子供が増えたように思います。今後も意識していきたいと思います。今月の目標は「しっかりと清掃に取り組もう」です。「15分間のすみっこ掃除」を心がけながら学校を綺麗にしていきます。

<～ほめ言葉のシャワー～>

6日(木)は、　さんでした。　さんが書いた言葉は、「人に正対せよ」でした。この日は、社会の調べ学習がありました。織田信長、豊臣秀吉、徳川家康についてキーワードをおさえながらまとめていくものです。必要な資料を使って集中してまとめることができました。図工では、「一枚の板から」の続きを行いました。細部にこだわって真剣に取り組む姿が見られました。一つ一つの活動に精をこめる姿が◎でした。

<～菊池省三先生が木更津へ～>

日々、学級で行われる「ほめ言葉のシャワー」は、菊池省三先生という方が生み出したものです。私が学ばせていただいている先生の一人です。その菊池先生が、来週末木更津にいらっしゃいます。その際、小学校の校内研究会の講師として、1年1組と6年2組で授業もしていただきます。16日(日)には、菊池先生の講演会もあります。まだ座席に余裕がありますので、興味のある方は、お話を聞いてみませんか?

菊池省三先生セミナー

期　日：7月16日(日)
時　間：10:00～16:30(受付 9:30～)
場　所：君津教育会館(木更津市新田3丁目4-7)
参加費：3000円 (子供無料)
プログラム：下記の通り

AM　映画『ニッポンの教育』
　　　菊池先生のドキュメント映画
PM　実践発表
　　　菊池先生講話
　　　※途中参加・途中退出・中抜け OK です。
　　　　ぜひ、子供も一緒にどうぞ!

「プロフェッショナル仕事の流儀」
「タケシのニッポンのみかた」
「世界一受けたい授業」
「ホンネトークバラエティバイキング」
　等の番組にも出演されています。

・・・・・・・・・・・・・・・・・・　きりとり　・・・・・・・・・・・・・・・・・・

締切 7月14日

菊池省三先生の講演会への参加を希望します。

参加される方のお名前 _____

子供の同伴について（　　連れて行きません　・　　連れて行きます　　）

平成29年度に同学年を組ませていただいた礒貝玲子先生から提供していただいた学級通信です。菊池省三先生のセミナーを告知し、「申し込み用紙」として活用しています。

3-1ファミリー！

小学校3年1組
学級だより NO．31
令和2年7月30日
担任　小野　貴仁

■先生からのほめ言葉プレゼント特集　第2弾！

　夏休みまで残すところあと1日となりました。あっという間の43日間でした。この社会状況の中不安もたくさんあったかと思いますが、子供たちはおどろくほど成長しました。私自身も子供たちから多くのことを学ぶことができました。感謝の気持ちを込めてメッセージを贈ります。

くん	帰りの支度をすぐに終わらせて自主学習に取り組んでいましたね。「黄金のすき間時間」です！
くん	自学コンテストを終えて、もっとがんばりたいと言っていました。心が「やる気の姿勢」です！
くん	朝はいつも元気よくあいさつをしてくれますね。「元気120パーセントのあいさつ力」ですね！
くん	自主学習では、面白い研究テーマで調べたり、まとめたりしていますね。「自学は自楽」です！
くん	理科の実験では説明をよく聞き、準備していました。「心で聴く」ができているからこそですね！
くん	図工では、ぞうの乗り物の絵をていねいに切り取っていましたね。「神は細部に宿る」ですね！
くん	3分あれば3行感想が書ける！とあきらめずに書いています。「D語ではなくY語」ですね！
くん	日直の仕事を最後までしっかりとやっていました。「責任感のある人に信頼は集まる」です！
くん	友達がこぼした絵具の水をすぐに一緒にふこうとしていました。「忍者思いやり力」ですね！
くん	先取り学習のテーマを設定し、自由研究部門で見事1位に輝きました。「自学は自楽」です！
くん	図工では、乗り物の細かい部分までこだわって色をぬっていました。「神は細部に宿る」です！
くん	連休明けの1時間目からやる気のしせいで授業開始を待っていました。「学びモード」ですね！
くん	社会では、聞いたことをワークシートにたくさんメモしていました。「心で聴く」がすごいです！
くん	自学を続けられるようになり、「けテぶれ部門」では見事2位でした。「継続は力なり」ですね！
さん	英語ではわかったことがあるとすぐに手をあげて発表していました。「やる気の姿勢」ですね！
さん	日直の仕事を最後までしっかりとこなしていました。「責任感のある人に信頼は集まる」です！
さん	ぽかぽか言葉カードでは友達をよく観察して価値語を使い分けていました。「美点凝視」です！
さん	理科の授業が始まる前に教科書やノート、実験道具を準備していました。「秋のりす力」です！
さん	休み時間にぽかぽか言葉カードを友達に配っていました。「美点凝視」だからできるのですね！
さん	登校したときに健康観察表を取りに行っていました。「責任感のある人に信頼は集まる」です！
さん	道徳の授業では自分の意見を積極的に発表していました。「書いたら発表」ができていますね！
さん	授業が始まる前にみんなに必要な教科書などを自ら配っていますね。「忍者思いやり力」です！
さん	説明を聞くときや友達の発表を聞くときは必ず目を見ています。「心で聴く」ができています！
さん	朝はいつも元気よくあいさつをしてくれますね。「元気120パーセントのあいさつ力」ですね！
さん	算数では黒板にどんなことが書かれるか予想して書いていました。「先読み力」です！
さん	休み時間にぽかぽか言葉カードを友達にたくさん配っていました。「黄金のすき間時間」です！
さん	自学コンテストでは、友達の良いところをたくさん書いていました。「美点凝視」名人ですね！
さん	自主学習ではテーマを毎回変え、イラストを使って楽しく学んでいます。「自学は自楽」です！

菊池道場でともに学んでいる小野貴仁先生から提供していただいた学級通信です。定期的に子どもたち一人一人にほめ言葉をプレゼントしているそうです。とても素敵な通信です。

コラム 学級通信は製本して残す

　学級通信は，製本して残すようにしています。もちろんデータでも残しますが，紙で残すことで手軽に振り返ることができます。

　完成品を考えたとき，全部で100ページ（50枚）の厚みがあると「本」という感じが増します（笑）。号数が少ない場合は，紙自体を「中厚口」にすると厚みを確保できます。もちろん，普通紙でもきちんと製本されます。

　Ａ４で発行していても，製本の際はＢ５に縮小して再印刷します。Ｂ４で発行したものだと見開きになるので，Ｂ５が手頃であると考えています。

　地域の業者さんと連絡をとってみてください。自費出版という形になりますが，何にもかえがたい「教師人生の歴史」となります。

【著者紹介】

古舘　良純（ふるだて　よしずみ）

1983年岩手県生まれ。現在，岩手県花巻市の小学校勤務。近隣の学校で校内研修（道徳）の講師を務めたり，初任者研修の一環等で道徳授業を公開したりしている。バラスーシ研究会，菊池道場岩手支部に所属し，菊池道場岩手支部長を務めている。主な共著書に『授業の腕をあげるちょこっとスキル』『学級づくりに自信がもてるちょこっとスキル』『菊池省三　365日の学級経営　8つの菊池メソッドでつくる最高の教室』（いずれも，明治図書）がある。

学級経営サポートBOOKS

子どもと教師を伸ばす学級通信

| 2021年3月初版第1刷刊 ©著　者 | 古　舘　良　純 |
| 2021年6月初版第3刷刊　発行者 | 藤　原　光　政 |

発行所　明治図書出版株式会社

http://www.meijitosho.co.jp

（企画）茅野　現（校正）嵯峨裕子

〒114-0023　東京都北区滝野川7-46-1
振替00160-5-151318　電話03(5907)6702
ご注文窓口　電話03(5907)6668

＊検印省略　　　組版所　中　央　美　版

Printed in Japan　　　ISBN978-4-18-315520-7

もれなくクーポンがもらえる！読者アンケートはこちらから